華嚴宗入門

劉貴傑　著

東大圖書公司

國家圖書館出版品預行編目資料

華嚴宗入門 / 劉貴傑著. －－初版二刷. －－臺北市：
東大，2018
　　　面；　　公分. －－(宗教文庫)

ISBN 978－957－19－2695－7　　(平裝)

1.華嚴宗

226.3　　　　　　　　　　　　　　　　91006627

© 華嚴宗入門

著　作　人	劉貴傑
發　行　人	劉仲傑
著作財產權人	東大圖書股份有限公司
發　行　所	東大圖書股份有限公司
	地址　臺北市復興北路386號
	電話　(02)25006600
	郵撥帳號　0107175－0
門　市　部	(復北店)臺北市復興北路386號
	(重南店)臺北市重慶南路一段61號
出版日期	初版一刷　2002年5月
	初版二刷　2018年1月
編　　　號	E 220700

行政院新聞局登記證局版臺業字第○一九七號

有著作權‧不准侵害

ISBN　978－957－19－2695－7　　(平裝)

http://www.sanmin.com.tw　三民網路書店
※本書如有缺頁、破損或裝訂錯誤，請寄回本公司更換。

自　序

　　佛家學說博大淵深，浩瀚如海。《華嚴經》卷數繁多，辭義艱澀；華嚴宗體系完備，理論精微，誠令初學者望而卻步，遑論鑽研，尤有甚者，竟致束之高閣、棄而不顧，殊為遺憾！

　　華嚴宗依《華嚴經》而立，從理論上說，《華嚴經》宣揚「一心」含攝無量、緣起無盡，時空願行等相即相入、無礙無盡的理境。「一心」包容萬有，攝受太虛，其大無外，其小無內。《華嚴經》雖浩如煙海，廣漠無涯，然其所顯義理，無非「一心」的全體大用。一切現象皆為「一心」所變現。「三界唯心」是《華嚴經》用來說明眾生生死流轉的原因，以及宇宙萬有的根源。三界諸法與世間所見，無一不是「一心」所造，甚至有謂「心造諸如來」（《六十華嚴・十地品》），如來也是「心」的產物。既然心造如來，心造眾生，那麼，就「心」這個絕對的主體而言，諸佛之心與眾生之心，完全平等無差，所以說：「心佛及眾生，是三無差別」（同上）。從實踐上說，成佛畢竟有賴於「心」，「心」才是成佛的主體。因此，成佛的關鍵在於修心，唯有修心，才能見佛。

　　華嚴宗三祖法藏說：「塵相虛無，從心所生」（《華嚴經義

海百門》),「離心之外,更無一法」(同上)。四祖澄觀把理法界、事法界、理事無礙法界、事事無礙法界歸為「一心」。五祖宗密主張「境不自生,由心故現」(《禪源諸詮集都序》卷上之二),認為「總該萬有,即是一心」(《註華嚴法界觀門》)。塵相、幻相,一切現象全是「一心」所現,「緣慮分別,亦唯一心」(宗密《圓覺經大疏釋義鈔》卷一上)。一切攀緣、思慮都是「一心」的作用,這個絕對真心「能現一切色像,亦能隨意出生一切所要之物」(同上),因此,「若人知心行,普造諸世間,是人則見佛,了佛真實性」(《八十華嚴·夜摩宮中偈讚品》)。「心行」即由心修行,因為「心」能變現一切,所以修行即是修心。心疾不除,極樂仍是苦海;妄想不生,娑婆勝於西天。日常生活中,念念都是修行,端看如何用心而已。《八十華嚴·淨行品》記載:智首菩薩問文殊菩薩一百一十種有關修行的問題,文殊菩薩僅答「善用其心」四字。「心」是萬法的本源,用於善,則善;用於惡,則惡。若能念念不忘眾生,念念上契佛心,即是「善用其心」。此外,更須安歇狂心,止息妄念,「念起即覺,覺之即無,修行妙門,唯在此也」(宗密《禪源諸詮集都序》卷上之二)。生死之根,在於妄念,妄念既無,必可解脫。經由息滅妄念、善用其心,才能斷除惑業、體證真如。

　　年來於輔仁大學哲學系講說「華嚴哲學」,撰有講義。今受東大圖書公司邀稿,乃撮其要旨,詳加補綴,作有系統的

鋪陳，筆之於書，名曰「華嚴宗入門」。自忖學養未逮，體悟有限，率成斯篇，紕漏錯謬，恐所難免，深望讀者，不吝指正，則幸甚焉！

　　　　　劉貴傑序於國立新竹師範學院哲學研究室
　　　　　中華民國九十一年元旦

華嚴宗入門

目　次

第一章

緒　論

宇宙萬物是由「一心」變現而起，
只要捨離妄念，
便可體證真知。

　　華嚴宗依《華嚴經》而立，從佛教經典發展史上看，《華嚴經》的形成，經過了一個漫長的歷程，它是由許多華嚴單行經匯集而成的。對華嚴單行經的研究乃始於東晉，在各種單行經中，最受重視的是「十地」和「十住」一類。另外，自《十地經論》譯出後，華嚴學便成為北方佛學的重點，並且向各地傳衍開來。弘揚和研習華嚴經典的主力，則源自地論師，他們為華嚴宗的創立奠定了穩固的基礎。

第一節　華嚴典籍的形成

　　《華嚴經》是經過長久時間所結集而成的佛教典籍。龍樹以前，已有《十地經》、《不可思議解脫經》等單行本流布。日本學者宇井伯壽認為《華嚴經》的成立是在印度第一期大乘佛教時代。一般認為《兜沙經》既是現存最早的漢譯華嚴典籍，也是最早形成的華嚴經典，其產生不早於西元一世紀，不遲於西元二世紀中葉。

　　至於集成本所收錄的其他經典的形成年代，則眾說紛紜。日人高峰了洲認為：集成本中的《如來名號品》、《光明覺品》、《淨行品》、《十住品》、《十地品》、《十定品》、《十忍品》、《如來出現品》、《離世間品》、《入法界品》大約形成於西元150–250年間。其中《如來名號品》、《十地品》、《入法界品》可能是在龍樹以前，或西元150年前後形成的，是最早出現的華嚴典籍。大約在西元250–350年間，才逐漸編成現存的

《六十華嚴經》。

最早見諸於東漢支婁迦讖譯的《兜沙經》相當於現今《華嚴經·如來名號品》，吳支謙譯的《菩薩本業經》相當於《華嚴經》的〈淨行品〉和〈十住品〉。西晉竺法護譯的《菩薩十住經》相當於《華嚴經·十住品》，《漸備一切智德經》相當於《華嚴經·十地品》，《等目菩薩所問三昧經》相當於《八十華嚴·十定品》，《如來興顯經》相當於《華嚴經·寶王如來性起品》，《度世品經》相當於《華嚴經·離世間品》。秦聖堅譯的《羅摩伽經》相當於《華嚴經·入法界品》，鳩摩羅什重譯的《十地經》相當於《華嚴經·十地品》。到了唐代，還陸續有單行的重譯本出現，像般若譯的《大方廣佛華嚴經入不思議解脫境界普賢行願品》(即四十卷《華嚴經》)，就是《入法界品》的再次擴展。因此，近人一般認為整部《華嚴經》並非某一地區的作品，而是華嚴經學派中流傳的許多散本的最後結集。

現代學者鐮田茂雄、伊藤瑞叡等，大都認為在集成本之前譯出的某些單行經是集中發揮某種學說而產生的，並且經過不斷補充而形成若干單品經。集成本是在匯集不同時代和地區產生的單行經基礎上形成的。某些前出單行經是集成本中所收錄相關內容的經典的原型；某些單行經形成於前，集成本形成在後，並且是在中國于闐一帶編纂成集的。

第二節　地論師與華嚴學

　　研習及弘傳世親所著《十地經論》的僧伽，稱為地論師。《十地經》相當於《華嚴經・十地品》，《十地經論》是對《華嚴經・十地品》的論釋。世親作論，從原經發掘出六相、八識等新義，並且針對「三界虛妄，但是一心作」的哲學命題予以發揮，對華嚴宗思想的形成有很大的影響。直到唐代，華嚴學說大盛，《地論》精義已悉為賢首家所資取。

　　《十地經論》在北魏永平元年至四年 (508–511) 由勒那摩提、菩提流支兩人合作譯成，共十二卷。由於勒那摩提和菩提流支的見解不同，所以其後學地論師也就產生異解，而形成「相州南道」、「相州北道」兩系。南北之名，一般都說從相州去洛陽的通道，有南有北，兩家學徒即沿循兩道各別發展而得名。

　　以菩提流支為首，後為道寵所承襲的一派稱為「相州北派」，亦稱北道派；以勒那摩提為首，後為慧光所延續的一派稱為「相州南派」，亦稱南道派。南北兩派的主要分歧是「相州南道計梨耶為淨識，相州北道計梨耶為無明，此乃南北之殊也」（《翻譯名義集》卷六）。也就是說，南道派以阿賴耶識為真識，乃宇宙萬有的根源；北道派以阿賴耶識為妄識，能引生各種痛苦煩惱。

　　北道派傳自菩提流支，他於北魏永平初年至洛陽，受朝

廷禮遇，後隨東魏遷鄴。前後二十餘年，譯出《十地經論》、《楞伽經》等共三十九部。其傑出弟子道寵，從他學《十地經論》，隨聞出疏，名揚鄴下。道寵的弟子甚多，堪可傳道者，千有餘人，其中以志念、僧休、法繼、誕禮、牢宜、儒果等為最有名。

　　南道派傳自勒那摩提，他於北魏永平元年到洛陽弘法，譯出《十地經論》、《寶性論》等五部，弟子有慧光。慧光(468-537)師從勒那摩提，參與《十地經論》的翻譯，統整其師與菩提流支兩人的不同意見，對《十地經論》有獨到的見解，並著論疏，使《十地經論》得以暢行。慧光著有《華嚴經》、《涅槃經》、《維摩經》等疏，以及《勝鬘經》、《遺教經》等注，均已散佚，今存《華嚴經義記》第一（《光明覺品》的部分）的片斷而已。慧光精通華嚴學，強調《華嚴經》是佛教的根本，並且安立漸、頓、圓三教，把《華嚴經》置於圓教地位。華嚴宗二祖智儼受慧光的影響，而將《華嚴經》攝入圓頓二教，法藏又重新組織成具體的五教說。

　　慧光門下曾遊學於南朝的地論師有僧達(475-556)和安廩(507-583)，這兩位地論師把北方華嚴學傳到南方。安廩曾應梁武帝之請，住天安寺，講《華嚴經》。慧光弟子研習和傳播《十地經論》、《華嚴經》的著名人物還有：僧範(476-555)常講《華嚴》、《地論》等學，各有疏記。道憑(483-559)，活躍於趙魏，以講《地論》、《華嚴》為主。另有曇遵，在《華嚴》義理方面的研究也頗得時人推崇。道憑有弟子靈裕，靈

裕有門人彰淵，彰淵門下有智正，智儼即是承襲智正系統，
闡揚華嚴學的祖師。

　　慧光的再傳弟子中，弘揚《地論》和《華嚴》的代表人
物是淨影寺慧遠 (523-592)，慧遠受隋文帝禮遇，撰有《十地
經論義記》，主張「真」「妄」相依之說，若據「妄」攝「真」，
即妄心之作；若依「真」攝「妄」，乃真心之作。認為真心才
是第一義諦，才是宇宙萬物的根源。慧遠另有《華嚴經疏》
七卷，解說華嚴經意。通過地論師的研習和宣講，境外傳入
的華嚴經學有了實質的轉變，並為華嚴宗的形成奠定了基礎。

第三節　本書內容概述

　　華嚴宗因以《華嚴經》為根本典籍，故名華嚴宗。又因
實際創始人法藏號賢首，也稱為賢首宗；該宗以發揮「法界
緣起」的思想為宗旨，又稱作法界宗。

　　《華嚴經》主要闡揚輾轉一心，深入法界，無盡緣起的
理論，和普賢行願的大乘思想。漢譯八十卷本，主要是宣說
菩薩的十信、十住、十行、十迴向、十地等法門行相和修行
的感果差別，以及依此修行所證得的無量功德，最後宣講菩
薩依教證入清淨法界，迴向所有功德的崇高理想。中心內容
是從「法性本淨」的觀點出發，進而闡明宇宙萬物等同一味，
一即一切、一切即一，法界緣起等理論。在修行實踐上，則
依據「三界唯心」的義理，強調解脫的關鍵乃在「一心」，指

出依照普賢願行實修，最終必能進入佛境。所提出成佛必須
經歷種種十法層次等思想，對大乘佛教理論的發展有很大的
影響。

　　華嚴宗的傳承為杜順、智儼、法藏、澄觀、宗密。該宗
推戴杜順為初祖，而實際創始人則是法藏。在會昌毀佛法難
中，華嚴宗同受打擊。宋初，長水子璿以弘傳宗密之學為主，
至其弟子淨源時，華嚴宗始得中興。其後，道亭、觀復、師
會、希迪各作《華嚴一乘教義分齊章》的注解，世稱宋代華
嚴四大家，繼有義和、鮮演、戒環、祖覺等相繼弘傳。元代
敷演《華嚴經》的有文才、了性、寶嚴、大同。明代有圓鏡、
祖住、明德、洪恩等弘闡華嚴教義。明末四大高僧：袾宏、
真可、德清、智旭也都研習過華嚴思想，對《華嚴》的理解
也互有不同。明末清初有明源及其弟子續法，均以振興華嚴
宗為己任。清初，弘傳華嚴較有名者為通理，有「中興賢首」
之譽。清末，楊文會以及月霞法師也以弘揚華嚴著稱。

　　華嚴宗以五教十宗判釋佛陀一代教法，以《華嚴經》為
最高教典，自稱「一乘圓教」、「圓明具德宗」或別教一乘（《華
嚴經》是只為上根菩薩而說，故稱別教一乘）。其基本概念有：
法界與一真法界、理與事、體與用、性與相、一與多、相即
與相入、海印三昧、華藏世界等。其主要義理為：明辨色空、
體會理事、法界緣起、三性一際、因門六義、四種法界、六
相圓融、十玄緣起、心造萬法、性起思想等。華嚴宗的主要
理論是法界緣起說，認為萬法緣起時，互相依持，相即相入，

圓融無礙，猶如因陀羅網，重重無盡，並且運用四種法界、六相、十玄的概念，來闡明無盡緣起的義理。

華嚴宗的修證途徑有：法界觀、唯識觀、還源觀、斷惑論等。該宗觀法以法界觀為主。此觀有三重：真空觀、理事無礙觀、周遍含容觀。斷惑論有二大類：一是行布斷惑，即依據十信、十住、十行、十迴向、十地、等覺、妙覺次第，由淺至深，階位分明；一是圓融斷惑，指獲得一位，就能前後諸位相即相入，始終無礙。

華嚴宗強調宇宙萬物是由「一心」變現而起，只要捨離妄念，便可體證真如。它的思辨理體論體系及其概念範疇，每多呈現唯心主義的色彩。華嚴宗的哲學義理對中國思想有重大的影響，特別是對程朱理學的影響尤為明顯。程頤以「體用一源，顯微無間」來表述所有事物都是「一理」的體現，實出自華嚴宗的理事無礙說。朱子以「太極」為天地萬物的最高本體，「太極」即相當於華嚴宗所謂的「理」或「一真法界」。由此可知，程朱學說與華嚴哲理有密切的關係。

第二章

《華嚴經》的譯本、結構與思想

了達三界依心有，
十二因緣亦復然，
生死皆由心所作，
心若滅者生死盡。

　　《華嚴經》有「經中之王」、「佛經之母」的尊稱，全稱《大方廣佛華嚴經》，大方廣是指佛法的無始無終、超越時空、無量無邊；華是指花；嚴是嚴飾，以各種殊勝的花朵作為裝飾，襯托佛法的莊嚴高貴，所以稱為華嚴。此經是大乘佛教的重要經典之一。

　　《華嚴經》是一部百科全書式的佛典，全經以法界圓融無礙為主旨，兼談唯識和性空，總攝大乘和小乘，舉凡佛家義理都已涵蓋在內，華嚴宗奉它為宗經，創立一乘圓教，更把它置於眾經的首位。目前學術界一般認為，《華嚴經》的編集，經歷了很長的時間，大約在西元二～四世紀中葉之間，一說是在西元四、五世紀左右匯集而成，最早流傳於南印度，以後傳播到西北印度和中印度。近世學者認為，在梵文本《樹嚴經》和《大方廣佛華嚴經》（第五十八卷）中出現 ysa 一字，這是于闐文而不是梵文。因此，《華嚴經》出現的年代和傳播地區還有待進一步研究。

第一節　《華嚴經》的譯本

　　《華嚴經》原出印度，傳說釋迦牟尼滅度後九百年（一說七百年，一說六百年），印度龍樹菩薩稟承大乘行願，入世教化眾生，於是發心潛入龍宮的藏經閣讀經。在龍宮裡看到《華嚴經》，後從龍宮攜出此經的下本，才得流傳世間。有關此經的版本，眾說紛紜。華嚴宗三祖法藏的《華嚴經旨歸》，

四祖澄觀的《華嚴經疏鈔玄談》都認為有：異說經、同說經、普賢經、上本經、中本經、下本經、略本經、主伴經、眷屬經、圓滿經等種別。此外，法藏的《華嚴經探玄記》以為有：恆本、大本、上本、中本、下本、略本等類別；其《華嚴經文義綱目》與《華嚴經傳記》則列有：上本、中本、下本等三種。相傳大龍菩薩認為一般眾生機緣未熟，不堪受持《華嚴經》，於是把它結集後，藏於龍宮。其後，龍樹菩薩入宮閱藏，得見三種《華嚴經》。

一、上本《華嚴經》，有無量無邊，難以估計的偈頌，世間無人能受持，所以龍樹未將其攜出，一般稱之為《足本華嚴經》。

二、中本《華嚴經》，有四十九萬八千八百偈，一千二百品，凡夫無法受持，故仍留在龍宮，也未被攜出。

三、下本《華嚴經》，有十萬偈，四十八品，龍樹以一般眾生稍能受持，故將它攜出，流傳世間。現今《華嚴經》即此本的撮略，共四萬五千偈，三十九品，一般稱之為《略本華嚴經》。

此經的漢譯本有三：

一、《六十華嚴》，梵文原本有三萬六千偈，東晉時期(418-420)，由佛陀跋陀羅 (359-429) 譯出，初分五十卷，後改為六十卷，計三十四品，由七處八會的說法而成。七處即釋迦說法的七個道場，八會即釋迦說法分為八次。為了有別於後來的唐譯本，又稱為《舊譯華嚴》或《晉譯華嚴》。該經

的內容比較簡略，但是譯文典雅流暢，優美可讀。

　　二、《八十華嚴》，梵文原文有四萬五千偈，唐代周武時期 (695–699)，由實叉難陀 (651–710) 奉命譯出，華嚴宗創始人法藏曾參與筆受工作，共八十卷，三十九品，由七處九會的說法而成。與舊譯相比，增加了「普光法堂」一會的內容。後法藏發現此譯本仍有脫漏，遂與地婆訶羅加以補充，即成現今流行的《華嚴經》八十卷本，一般稱為《新譯華嚴》或《唐譯華嚴》。該經內容最為完備，文義也較準確，故而流傳最廣。

　　三、《四十華嚴》，梵文原本有一萬六千七百偈（見《貞元釋教錄》卷一七），是由南天竺烏荼國王呈貢於唐，德宗下詔罽賓三藏般若（約八世紀至九世紀）於貞元年間 (795–798) 譯成，全名為《大方廣佛華嚴經入不思議解脫境界普賢行願品》，計四十卷一品，簡稱《普賢行願品》，屬於《六十華嚴》與《八十華嚴》最後一品的足本經，亦即《入法界品》的異譯。然而，與另外兩個譯本的《入法界品》相比，增加了一些新的內容。

　　《華嚴經》最初並不是一部完整的經典，而是由各品獨立出現，經過長時間編集成大本。此經某一品或一部分於西元二世紀中葉已傳譯中土，東漢支婁迦讖在洛陽譯出《兜沙經》（即《八十華嚴・如來名號品》），乃此經別行譯本的濫觴。後有支謙譯《菩薩本業經》，即《八十華嚴・光明覺品》；聶道真譯《諸菩薩求佛本業經》，即《八十華嚴・淨行品》；竺

法護譯《菩薩十住行道品》，即《八十華嚴・十住品》、《如來興顯經》，即《八十華嚴・如來出現品》；祇多蜜譯《菩薩十住經》，即《八十華嚴・十住品》；鳩摩羅什譯《十住經》，即《八十華嚴・十地品》；竺法護譯《度世品經》，即《八十華嚴・離世間品》；聖賢譯《羅摩伽經》，即《八十華嚴・入法界品》。直到南北朝、隋、唐，都有《華嚴經》的別行譯本出現，約三十五部之多。以下試將《六十華嚴》、《八十華嚴》、異譯單經，列表對照如右頁表。

第二節　《華嚴經》的結構

《華嚴經》的漢譯本中，以唐譯八十卷本的文義最為暢達，品目也較完備，因而在漢地流傳最盛。《八十華嚴》共九會，三十九品：寂滅道場會（第一品至第六品）、普光法堂會（第七品至十二品）、忉利天宮會（十三品至十八品）、夜摩天宮會（十九品至二十二品）、兜率天宮會（二十三品至二十五品）、他化天宮會（二十六品）、重會普光法堂（二十七品至三十七品）、三重會普光法堂（三十八品）、逝多園林會（三十九品）。九會的大意如下：

第一寂滅道場會　佛在菩提場中初成正覺，道場無量妙寶莊嚴。毗盧遮那佛的佛身具足一切功德，十方世界無數菩薩以及金剛力士、諸天、諸鬼神等雲集會中，致禮問候。過去、現在、未來所有的景象都映現於圓融無礙的佛境之中。

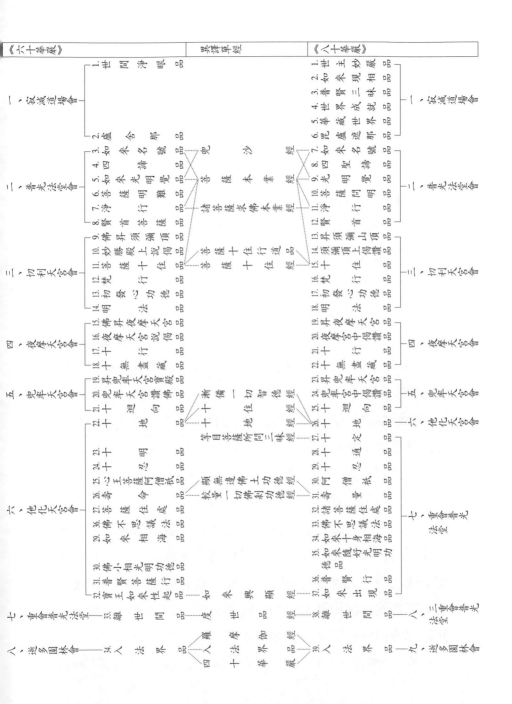

《六十華嚴》	異譯單經	《八十華嚴》
一、寂滅道場會 1. 世間淨眼品		一、寂滅道場會 1. 世主妙嚴品 2. 如來現相品 3. 普賢三昧品 4. 世界成就品 5. 華藏世界品 6. 毗盧遮那品
2. 盧舍那佛品		
二、普光法堂會 3. 如來名號品 4. 四諦品 5. 如來光明覺品 6. 菩薩明難品 7. 淨行品 8. 賢首菩薩品	兜沙經 諸菩薩求佛本業經	二、普光法堂會 7. 如來名號品 8. 四聖諦品 9. 光明覺品 10. 菩薩問明品 11. 淨行品 12. 賢首品
三、忉利天宮會 9. 佛昇須彌頂品 10. 妙勝殿上說偈品 11. 菩薩十住品 12. 梵行品 13. 初發心功德品 14. 明法品	菩薩十住行道品 菩薩十住經	三、忉利天宮會 13. 昇須彌山頂品 14. 須彌頂上偈讚品 15. 十住品 16. 梵行品 17. 初發心功德品 18. 明法品
四、夜摩天宮會 15. 佛昇夜摩天宮品 16. 夜摩天宮說偈品 17. 十行品 18. 十無盡藏品		四、夜摩天宮會 19. 昇夜摩天宮品 20. 夜摩宮中偈讚品 21. 十行品 22. 十無盡藏品
五、兜率天宮會 19. 昇兜率天宮寶殿品 20. 兜率天宮菩薩雲集讚佛品 21. 十迴向品	漸備一切智德經 十住經	五、兜率天宮會 23. 昇兜率天宮品 24. 兜率宮中偈讚品 25. 十迴向品
22. 十地品		六、他化天宮會 26. 十地品
23. 十明品 24. 十忍品 25. 心王菩薩問阿僧祇品 26. 壽命品 27. 菩薩住處品	等目菩薩所問三昧經 顯無邊佛土功德經 敕量一切佛刹功德經	27. 十定品 28. 十通品 29. 十忍品 30. 阿僧祇品 31. 壽量品 32. 諸菩薩住處品
六、他化天宮會 28. 佛不思議法品 29. 如來相海品 30. 佛小相光明功德品		33. 佛不思議法品 34. 如來十身相海品 35. 如來隨好光明功德品
31. 普賢菩薩行品 32. 寶王如來性起品	如來興顯經	36. 普賢行品 37. 如來出現品
七、重會普光法堂會 33. 離世間品	度世品經	七、重會普光法堂會 八、三重會普光法堂會 38. 離世間品
八、逝多園林會 34. 入法界品	佛說羅摩伽經 四十華嚴十法界品	九、逝多園林會 39. 入法界品

這時普賢菩薩虔發慈悲大願入佛三昧，受到諸佛一致讚歎，並且放光摩頂。普賢菩薩稟承佛力，向道場眾人宣說華藏世界的美妙形態，分別顯示十方世界的形相和它的原因。並且講述往昔毗盧遮那佛修行時為了嚴淨華藏世界而作的種種功德，以及世界的奇景與諸佛的尊號，同時宣講佛在過去世作大威光太子時供養諸佛所得的偉大成就。

第二普光法堂會　佛在普光明殿的蓮花座上示現神力，召喚十方菩薩前來集會。文殊師利菩薩稟承佛力，向各位菩薩講說佛號的道理；又一一指出十方世界以及娑婆世界四聖諦的異名，掃除眾生對四聖諦的疑惑。這時佛足底輪相大放光明，普照十方世界，各現佛事，因此，文殊菩薩讚歎佛的無邊功德行願。文殊又為覺首等四菩薩解答十種甚深法門；為智首菩薩說菩薩解答十種甚深法門；為智首菩薩說菩薩在清淨寂默中為了饒益眾生而應發起的一百四十種清淨願行。賢首菩薩又承文殊之問而說菩薩修行的無量殊勝功德。

第三忉利天宮會　佛上升到須彌山的帝釋天宮，帝釋莊嚴宮殿，迎佛入座，並和諸天說頌讚佛。十方佛世界法慧等菩薩前來集會，說偈讚頌佛修行的無量功德。法慧菩薩稟承佛的神力，入無量方便三昧，受到諸佛讚歎，出定之後，便說十住法門。又對正念天子宣說修習梵行的種種無相觀法；為帝釋宣說菩薩初發菩提心即與佛平等，具有無量的功德。並且敘說初發心菩薩應該如何修行，以及應得的成就。

第四夜摩天宮會　佛升向夜摩天宮，夜摩天王莊嚴殿座，

與諸天說頌讚佛。功德林菩薩等前來集會，十大菩薩各說偈
頌稱揚佛周遍法界的功德行願。功德林菩薩由於佛的神力而
入善思惟三昧，諸佛摩頂讚歎。功德林菩薩出定說十行法門，
又宣說菩薩十無盡藏的具體行相，令一切修行者成就無盡藏。

第五兜率天宮會　佛升向兜率天宮，兜率天王莊嚴殿座，
請佛入座。金剛幢等十大菩薩和無數多的菩薩都來集會，各
自說偈讚佛。金剛幢菩薩稟承佛力，入智光三昧，受到諸佛
的讚歎摩頂。金剛幢從定中起，為諸菩薩說十迴向法門，並
且解說其具體修行境相。

第六他化天宮會　佛升至他化天宮，十方世界諸大菩薩
齊來集會。金剛藏菩薩稟承佛力，入大智慧光明三昧，獲諸
佛讚歎摩頂，出定後為眾人宣說十地的名稱，並且具體解釋
十地的行相。

第七普光法堂重會　佛在普光法堂再度說法。普眼菩薩
請教普賢三昧的修行境相，佛指示他向普賢菩薩求教。這時
大眾殷勤頂禮，願見普賢法身。普賢菩薩現身為大眾講說十
種三昧的高深法門，又說十種神通和十種法忍。心王菩薩宣
說無量世間和出世間的一切現象和事理，以及十方諸菩薩和
他們眷屬的住處。青蓮華藏菩薩宣說佛的十不思議法門。普
賢菩薩又演說佛的身相莊嚴、如來出現的十無量法。其後，
諸佛為會眾授記，普賢勸勉大眾受持。

第八普光法堂三會　佛再度於普光法堂說法。普賢菩薩
入佛華藏莊嚴三昧，出定之後，普慧菩薩提問關於菩薩行以

至佛涅槃等二百個問題。普賢問一答十，演說二千法門，獲
得諸佛的讚歎。

第九逝多園林會　佛在逝多園林，和文殊、普賢等五百
大菩薩、大聲聞以及許多世主聚會。佛以大悲心入師子頻申
三昧，遍照十方世界無數菩薩前來聚合，各現神變供養如來，
而大聲聞的修行者卻不知不見。普賢菩薩為大眾講述師子頻
申三昧的十種法要。佛顯現神變、三昧等相，文殊菩薩說偈
讚佛，諸菩薩獲得無量大悲法門，從事度化眾生的工作。其
後，文殊菩薩和與會大眾辭佛南行，到莊嚴幢娑羅林中大塔
廟說法。善財童子等兩千人前來求法。善財一心要了解菩薩
道，文殊菩薩指點他遍訪五十三位善知識，聽受各種法門，
最後見到普賢菩薩，入普賢行願海，證入法界。

《華嚴經》運用大量的篇幅描述佛的神通和菩薩的功德，
而且各品都有自己的特色。例如：〈華藏世界品〉和華嚴宗有
密切的關係，華嚴宗「圓融」觀的建立大多得益於該品對世
界的奇妙描繪。〈十地品〉描寫了菩薩修行次第和解脫境界，
表現了崇高的宗教精神。〈入法界品〉主要在講解修行方法，
指出：發了菩薩願心的人應該如何修行，其中善財童子五十
三參是具體說明菩薩行的實例。全品圍繞善財童子參訪善知
識這一線索鋪陳。最後，普賢菩薩為善財童子敘說十大願是
佛教最為重要的發願文，其中包含了佛教基本的慈悲精神。
這十大願是：禮敬諸佛、稱讚如來、廣修供養、懺悔業障、
隨喜功德、請轉法輪、請佛住世、常隨佛學、恆順眾生、普

皆迴向。一般稱為「普賢行願」，被中國佛家視為諸願的代表。事實上，修行者要達到圓融無盡的法界，首先必須要禮敬諸佛。其他像請佛住世、稱讚如來、常隨佛學等都要求如此。廣修供養，強調以菩薩行願攝受眾生，才是對如來最好的供養。懺悔業障，是對過去的惡業進行清除，強調懺悔的連續性。隨喜功德，是要對他人所作功德感到歡喜，並且誠心仿效。恆順眾生，是盡量滿足一般眾生的願望，讓他們充滿法喜，並且獲得解脫。普皆迴向是十大願中最重要的一條，迴向是指：做了功德不要據為己有，要反過來把它施捨出去，這是絕對的利他精神。普賢十願的誦持，現在仍是一般佛教寺院的常課。

　　茲將《八十華嚴》的四分（信、解、行、證四科）、五周（五種因果周遍）、九會、放光、會主、入定、說法、品節、品目，圖示於後如表 2-1 ～ 9。

　　關於《華嚴經》的注疏，在印度有龍樹的《大不思議論》（一部分漢譯為《十住毗婆娑論》），此外，有世親的《十地經論》，解釋本經〈十地品〉；世親之後，又有金剛軍、堅慧的《十地品釋》等，但未傳譯到中國。

　　中國的注疏甚多，最主要的有：後魏靈辨的《華嚴論》一卷、隋吉藏的《華嚴遊意》一卷、杜順《華嚴五教止觀》一卷；唐智儼《華嚴經搜玄記》十卷、《華嚴經內章門等離孔目章》四卷、《華嚴五十要問答》二卷；法藏《華嚴經探玄記》二十卷、《華嚴經文義綱目》一卷、《華嚴經旨歸》一卷、《華

表 2-1

華嚴大經處會品目卷帙總要之圖	四分	信　分
	五周	所信因果周
	九會	初　會　菩　提　場
	放光	遮那放齒光眉間光
	會主	普　賢　為　會　主
	入定	入毗盧藏身三昧
	說法	說　如　來　依　正　法
	品節	共　六　品　十　一　卷
	品目	毗盧遮那品第六　華藏世界品第五　世界成就品第四　普賢三昧品第三　如來現相品第二　世主妙嚴品第一

表 2-2

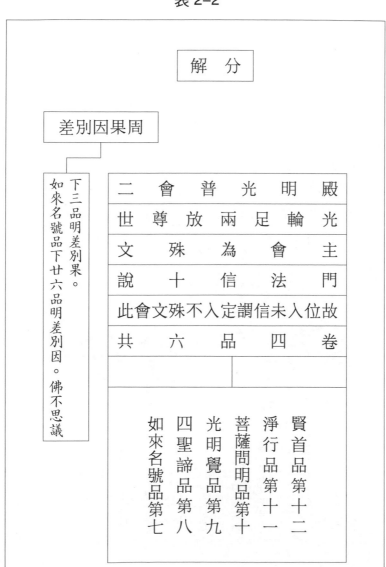

解　分

差別因果周

下三品明差別果。
如來名號品下廿六品明差別因。佛不思議

二　會　普　光　明　殿

世　尊　放　兩　足　輪　光

文　殊　為　會　主

說　十　信　法　門

此會文殊不入定謂信未入位故

共　六　品　四　卷

賢首品第十二
淨行品第十一
菩薩問明品第十
光明覺品第九
四聖諦品第八
如來名號品第七

表 2-3

解　分

| 三會忉利天宮 |
| 世尊放兩足指光 |
| 法　慧　為　會　主 |
| 入無量方便三昧 |
| 說　十　住　法　門 |
| 共　六　品　三　卷 |

| 明法品第十八 | 初發心功德品十七 | 梵行品第十六 | 十住品第十五 | 須彌偈贊品十四 | 升須彌頂品十三 |

表 2-4

```
┌─────────────────────────────────────────┐
│                                          │
│             ┌───────────┐                │
│             │  解   分  │                │
│             └───────────┘                │
│                                          │
│                                          │
│        ┌─────────────────────┐           │
│        │   四 會 夜 摩 天 宮  │           │
│        ├─────────────────────┤           │
│        │   如 來 放 兩 足 趺 光 │         │
│        ├─────────────────────┤           │
│        │   功 德 林 為 會 主  │           │
│        ├─────────────────────┤           │
│        │   入菩薩善思惟三昧   │           │
│        ├─────────────────────┤           │
│        │   說 十 行 法 門     │           │
│        ├─────────────────────┤           │
│        │   共 四 品 三 卷     │           │
│        ├──────────┬──────────┤           │
│        │          │          │           │
│        ├──────────┴──────────┤           │
│   升  夜  十       十         │           │
│   夜  摩  行       無         │           │
│   摩  偈  品       盡         │           │
│   天  讚  第       藏         │           │
│   品  品  二       品         │           │
│   十  二  十       二         │           │
│   九  十  一       十         │           │
│             二               │           │
│                                          │
└─────────────────────────────────────────┘
```

表 2-5

解　分

五會兜率天宮
如來放兩膝輪光
金剛幢為會主
入菩薩智光三昧
說十迴向法門
共三品十二卷

升兜率天品二十三	兜率偈贊品二十四	十迴向品二十五

表 2-6

解 分

六會他化天宮
如來放眉間毫相光
金剛藏為會主
入菩薩大智慧光明三昧
說十地法門
共一品六卷

	十地品第二十六

表 2-7

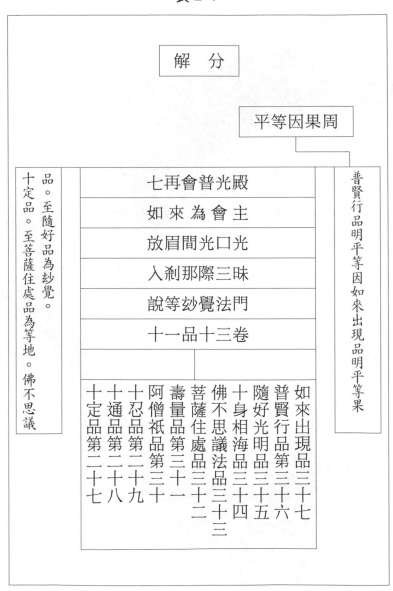

解　分

平等因果周

普賢行品明平等因如來出現品明平等果

七再會普光殿

如來為會主

放眉間光口光

入剎那際三昧

說等妙覺法門

十一品十三卷

如來出現品第三十七
普賢行品第三十六
隨好光明品第三十五
十身相海品第三十四
佛不思議法品三十三
菩薩住處品三十二
壽量品第三十一
阿僧祇品第三十
十忍品第二十九
十通品第二十八
十定品第二十七

品。至隨好品為妙覺。
十定品。至菩薩住處品為等地。佛不思議

表 2-8

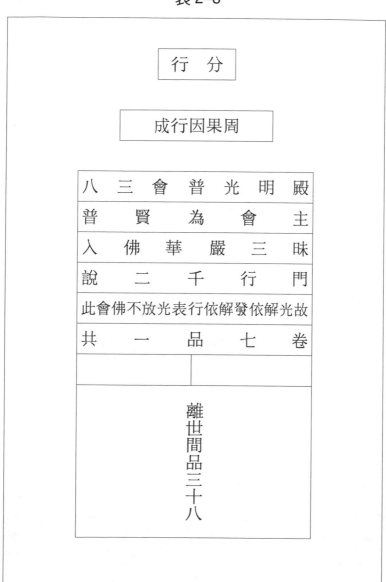

行　分

成行因果周

八	三	會	普	光	明	殿
普	賢	為		會		主
入	佛	華	嚴	三		昧
說	二	千		行		門
此會佛不放光表行依解發依解光故						
共	一		品	七		卷

離世間品三十八

表 2-9

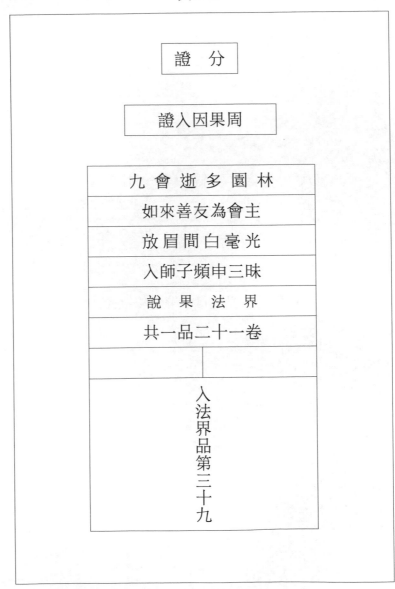

證　分

證入因果周

| 九會逝多園林 |
| 如來善友為會主 |
| 放眉間白毫光 |
| 入師子頻申三昧 |
| 說　果　法　界 |
| 共一品二十一卷 |
| 入法界品第三十九 |

嚴經傳記》五卷；李通玄《新華嚴經論》四十卷；澄觀《華
嚴經疏》六十卷、《華嚴經隨疏演義鈔》九十卷、《華嚴經鈔
科》十卷、《華嚴經綱要》三卷、《華嚴經略策》一卷、《華嚴
經七處九會頌釋章》一卷、《貞元華嚴疏》十卷、《普賢行願
品別行疏》六卷；宗密《華嚴經行願品疏鈔》六卷、《華嚴經
行願品疏科》一卷、《華嚴法界觀科文註》一卷。

　　唐代之後，有宋戒環《華嚴經要解》一卷、道通《華嚴
經吞海集》三卷、《華嚴法相概節》一卷、復菴《華嚴經綸貫》
一卷。元普瑞《華嚴懸談會玄記》四十卷。遼鮮演《華嚴經
談玄決擇》六卷。明德清《華嚴經綱要》八十卷、方澤《華
嚴經合論纂要》三卷、李贄《華嚴經合論簡要》四卷、善堅
《華嚴大意》一卷。清永光《華嚴經綱目貫攝》一卷、《華嚴
經三十九品大意》一卷等。

　　此外，還有新羅元曉《華嚴經疏》十卷、表員《華嚴經
文義要決問答》四卷等注疏。

第三節　《華嚴經》的思想

　　《華嚴經》主倡「法界緣起」，以及輾轉一心，深入法界
的理論；以一微塵映現全世界、瞬間含永恆的觀點，宣揚圓
信、圓解、圓行、圓證等頓入佛地的思想；主張染淨不二、
聖凡同體，並且從「法性本淨」的論點出發，闡發諸法等同
味，一即一切，一切即一，無盡緣起等，其主要思想有：

三界唯心

　　「三界唯心」（欲界、色界、無色界一切現象都由一心變現出來）是《華嚴經》用來說明有情眾生生死流轉的原因，「三界所有，唯是一心。如來於此分別演說十二有支，皆依一心，如是而立」（《八十華嚴・十地品》）。由此可知，「三界唯心」已概括十二因緣，並且將它轉化成哲學的命題。《華嚴經》以「心」作為宇宙萬物的本源：「了達三界依心有，十二因緣亦復然，生死皆由心所作，心若滅者生死盡」（同上），又說：「心如工畫師，能畫諸世間，五蘊悉從生，無法而不造」（《八十華嚴・夜摩宮中偈讚品》）、「世間所見法，但以心為主，隨解取眾相，顛倒不如實」（《八十華嚴・菩薩問明品》）。三界諸法與世間所見，都虛幻顛倒、性空不實，只是「一心」的顯現而已。甚至說：「應當如是觀，心造諸如來」、「心佛及眾生，是三無差別」（《六十華嚴・十地品》），如來佛祖也是唯心所造，而「心」與「佛」也平等一如，了無差別。

一多相即

　　「一」即單一，「多」（一切）即雜多。《八十華嚴》載：「一切中知一，一中知一切」（〈初發心功德品〉）、「一即是多，多即是一」、「說一即多，說多即一」（〈十住品〉）、「以一剎種入一切，一切入一亦無餘」（〈華藏世界品〉），又說：「一劫與無數劫平等，無數劫與一劫平等。……一切劫入非劫，非劫

入一切劫」（〈初發心功德品〉），強調從個別把握整體，從整
體認識個別；既承認「一」，又認可「多」，每種事物都是一
個「一」，它又依存於眾多的因緣，並且包含這些因緣，所以
又是「多」，「一」與「多」不同，卻可以相容，這是對法界
緣起諸多現象相即相入關係的概括，意思是說「一」與「多」
不可分離，等同無異。這種「一即一切」和「一切即一」等
命題的意義是在顯示本體與現象的圓融無礙。

時空無盡

　　宇宙萬物不但遍布一切空間，而且也遍布一切時間。所
謂「知諸法性無生無起，能令小大自在相入。……以一切方
普入一方」（《八十華嚴・入法界品》）、「我身爾等，量同虛空，
悉能容受十方菩薩」（同上）、「一切法門無盡海，同會一法道
場中」（《八十華嚴・世主妙嚴品》），這是指空間方面的相入
無礙。所謂「知諸劫脩短，三世即一念」（《八十華嚴・普賢
行品》）、「一一塵中見三世一切剎」（《八十華嚴・入法界品》）、
「一念中見三世一切劫甚微細智」（《八十華嚴・十迴向品》）、
「知無量劫即是一念，知一念即是無量劫」（《六十華嚴・初
發心功德品》）。過去、現在、未來三世，甚至無量劫的不同
事物，都能同時成就於一念，這是指時間方面的相入無礙。
時間和空間沒有獨立的自體，但卻有其無限性；事物不但在
空間中互相聯繫，而且在時間中也互相關涉。

證入法界

　　「法界」一詞，意義頗多，就華嚴哲學而言，乃宇宙萬象的總稱。《八十華嚴》認為證入法界是修習佛法的終極目標，並且以「願起無量廣大施心，周給無邊眾生」、「普令開悟一切諸法，其心無量遍周法界」（〈十迴向品〉），作為普賢菩薩的修行指標，更把證入法界視為覺悟成佛的途徑。然而，如何證入法界？首先必須「了知法界平等，無有種種差別」（〈十忍品〉），停息雜念，革除妄想。其次則須體悟「佛法不異世間法，世間法不異佛法；佛法、世間法，無有雜亂，亦無差別」（〈十行品〉）。同時，修行者也必須向所有的善知識虛心學習，效法善財童子參訪五十三位善知識，一一歷練，斷惑證真，便可證入法界。由此可知，法界並非在世俗之外，而是在世俗生活之中，世俗生活即是通向成佛之路。真修之人必須深入社會各個階層，向有識之士學習世間知能，由此弘揚佛法，並且成就自己的智慧。

　　《華嚴經》的內容具有明顯的特色。全經分七處八會（或七處九會），天上四處，人間三處，天上人間，人神交織，構成一個整體。經中大量運用形象表達法，並且雜以寓言、譬喻、神話等，非常富有想像力。《華嚴經》用「海印三昧」來說明宇宙萬法的本來面目，在海印正定中，森羅萬象，甚至地獄、天國、穢土、淨土，無不映現出來，各種事物平等和諧，互不妨礙，由此形成無限廣大而消融對立的圓融法界。

《華嚴經》是基於「法性本淨」的觀點，來說明萬事萬物「本性同一」的哲學理論。法藏把《華嚴經》這種旨趣概括為「因果緣起，理實法界」（《華嚴經探玄記》卷一）。「因果」是指現象，「理實」是指本體。因果與理實融通無礙，本體與現象圓攝自在。法藏據此，運用「理」與「事」、「一」與「多」來闡明《華嚴經》的思想：從事相來看，萬物各有差別，從理體來看，萬物為同一真心所現，彼此並無不同。並且通過抽象的佛學概念，說明一切對立事物的圓融關係，從而建立了獨特的華嚴學說。

《華嚴經》「三界唯心」和「十地」（歡喜地、離垢地、發光地、焰慧地、難勝地、現前地、遠行地、不動地、善慧地、法雲地）等思想對印度大乘佛學瑜伽行派的形成有重大影響。中國唐代高僧法藏即以《華嚴經》為主要經典，論述五教十宗的判教，以及四法界、六相圓融、十玄緣起等理論，建構了華嚴宗的哲學體系。自唐代以來，《華嚴經》即遠播海外，西元七世紀中，新羅義湘來唐在華嚴宗二祖智儼門下受學，回國後弘揚此經，為朝鮮華嚴宗初祖。八世紀中，唐僧道璿東渡日本傳講《華嚴經》，為日本華嚴宗初祖，其後此經在該國弘衍頗盛，奈良東大寺的大佛，即是此經毗盧遮那佛的塑像。《華嚴經》對日本的文學和藝術也有很大的影響，尤其是〈入法界品〉善財童子五十三參的故事，已成為佛教藝術品中常見的題材，善財也被視為佛教青年參訪善知識的典型。日本「華嚴瀑布」之名即源自《華嚴經》，而東海道五十

三站的名稱也出自〈入法界品〉善知識的人數，可見《華嚴經》影響之深遠。

第四節　《華嚴經》與密教

　　《華嚴經》主張「一切諸佛身，唯是一法身」（《六十華嚴經・菩薩明難品》），法身即是毗盧遮那佛；一切事物都是毗盧遮那佛的顯現。毗盧遮那是梵語音譯，漢譯為「遍一切處」，含有「光明普照」的意思，也是「日」的別名，亦是華藏世界的教主。佛以毗盧遮那為名，是大乘佛教經典長期把佛比喻為照耀一切的太陽所造成的結果。在《華嚴經》裡，毗盧遮那是光明的象徵，〈毗盧遮那品〉載：佛能在身上任何部位「放大光明」，無量無邊的光明充滿十方國土。《華嚴經》的毗盧遮那佛即是密教的大日如來。《華嚴經》所說「一切諸佛身，唯是一法身」，與密教所謂「願生華藏海，同入於一體，成大曼荼羅」（《大毗盧遮那經廣大儀軌》卷上），實際上是一致的。密教以三密受大日如來神力加持而成正果的觀念可能源自《華嚴經》「令一切眾生自於身中得見如來廣大智慧，而證法界也」（裴休《註華嚴法界觀序》）的思想。

　　其次，《華嚴經》是以大悲為菩薩精神的根本。菩薩以「大悲為身，大悲為門，大悲為首，以大悲法而為方便」（《八十華嚴・入法界品》）、「諸佛子是心以大悲為首，智慧增上方便」（《六十華嚴・十地品》）。而大悲精神則起於菩提心，菩薩「欲

充滿十方一切世界，故發菩提心；欲悉度脫一切眾生，故發
菩提心」（《六十華嚴·初發心功德品》），菩薩「若起大悲，
必定發於菩提之心」（《八十華嚴·入法界品》）。密教也主張
「以無所得為方便，修大慈大悲大喜大捨」（《不空羂索神變
真言經》卷十七）、「菩提心為因，大悲為根本，方便為究竟」
（《大日經》卷一）。由此可見《華嚴經》與密教的關係。且
《大日經》「所建立大曼荼羅，胎藏之名，蓋本於華嚴」（大
村西崖《密教發達史》卷三）。

　　密教特別重視陀羅尼，陀羅尼是梵語音譯，漢譯為總持，
意譯是持明，真言之異稱，或受持真言。《華嚴經》早已強調
「令一切眾生得最勝陀羅尼，悉能受持諸如來法」（《六十華
嚴·十迴向品》），並且列舉了許多陀羅尼的名稱：

> 菩薩住第九地，得如是善巧無礙智，得如來妙法藏，
> 作大法師，得義陀羅尼、法陀羅尼、智陀羅尼、光照
> 陀羅尼、善慧陀羅尼、眾財陀羅尼、威德陀羅尼、無
> 礙門陀羅尼、無邊際陀羅尼、種種義陀羅尼，如是等
> 百萬阿僧祇陀羅尼門皆得圓滿，以百萬阿僧祇善巧音
> 聲辯才門而演說法（《八十華嚴·十地品》）。

　　以上所舉只是部分陀羅尼的名稱，事實上，還有無量無
邊、難以估計的陀羅尼，它們彼此也都圓融無礙。《華嚴經》
又介紹了十種陀羅尼及其不同的功用：

菩薩摩訶薩有十種陀羅尼。何等為十？所謂：聞持陀
羅尼，持一切法不忘失故；修行陀羅尼，如實巧觀一
切法故；思惟陀羅尼，了知一切諸法性故；法光明陀
羅尼，照不思議諸佛法故；三昧陀羅尼，普於現在一
切佛所聽聞正法心不亂故；圓音陀羅尼，解了不思議
音聲語言故；三世陀羅尼，演說三世不可思議諸佛法
故；種種辯才陀羅尼，演說無邊諸佛法故；出生無礙
耳陀羅尼，不可說佛所說之法悉能聞故；一切佛法陀
羅尼，安住如來力無畏故；是為十（《八十華嚴・離世
間品》）。

　　這是運用各種陀羅尼來層層遞進，達到理事熔融、事事
無礙的境界。然而，如何成就陀羅尼法？《華嚴經》主張「以
無著無縛解脫心，成就普賢一切劫住陀羅尼門，普於十方修
菩薩行」（《八十華嚴・十迴向品》）。換言之，藉由沒有執著、
沒有束縛的解脫心，才能受持真言，廣修菩薩行。

　　密教所特重的灌頂，在《華嚴經》裡也可以找到一些蛛
絲馬跡，《華嚴經》說：「一切閻浮提內，大力灌頂王法以灌
其頂，具功德力」（《六十華嚴・十迴向品》）。閻浮提漢譯為
贍部洲，即我人現在所住的娑婆世間。灌頂原為古印度國王
即位的儀式，以四大海水灌於即位者頭頂，以示祝福。大乘
佛教經典載菩薩修行達到第九地時，諸佛以手摩頂，為其灌
頂，祝其「入諸佛界」。《華嚴經》謂「次第修行具眾善，乃

至九地集福慧，常求諸佛最上法，得佛智水灌其頂」、「若蒙諸佛與灌頂，是則名登法雲地，智慧增長無有邊，開悟一切諸世間」(《八十華嚴・十地品》)。密教則把灌頂儀式化，作為受學密法必先進行的儀式。更把灌頂看作是修法者獲得本尊、上師加持的方式。密教修法者在修習過程中，往往多次請求上師灌頂加持。

此外，唐朝「開元三大士」之一的密教大師不空(705-774)大力弘揚密法，「不空解密教，往往取資於華嚴，觀《指歸》所引華嚴之文可以明矣」(蔣維喬《密教史》)。《指歸》即不空所譯《金剛頂十八會指歸》，曾引用《華嚴》的文句，可見密教與《華嚴》有密切的關係。不但如此，作為密教二部大法之一胎藏部的「胎藏」之名也出自《華嚴》。

密宗的儀軌幾乎沒有不依據普賢十大行願來組成的。西藏密宗的一切儀軌，都以普賢七支的結構來組織。胎藏界大法的九方便：作禮、出罪、歸依、施身（即供養）、菩提心、隨喜、勸請（轉法輪）、奉請（住世）、迴向，都含攝於普賢十大行願中。金剛界大法的五悔：禮敬、懺悔、隨喜、勸請、迴向，也不出普賢十大行願之外。

第三章

華嚴宗的歷史發展

本一心而貫諸法，
顯真體而融事理。

　　華嚴宗創立於唐代，是高僧法藏所創的佛教宗派。華嚴宗的傳法世系是：杜順、智儼、法藏、澄觀、宗密，號稱華嚴五代祖師。其中，法藏完成了華嚴宗理論體系的建構。杜順、智儼是在法藏以前就已經對《華嚴》思想有所體悟的高僧，被視為是華嚴宗思想的先導。

第一節　唐朝時期華嚴宗的演進

　　杜順 (557-640)，原名法順，雍州萬年（今陝西臨潼西北）人，嘗從因聖寺僧珍禪師（又稱魏禪師），學習禪法，後住終南山宣揚《華嚴經》。時人盛傳他有神異事跡，唐太宗慕其神德，引入內禁，隆禮崇敬，敕號「帝心」，後世遂有「帝心尊者」之稱。杜順於唐太宗貞觀十四年，在雍州南郊義善寺圓寂，時年八十四歲。及門弟子有達法、智儼、樊玄智等，其中以智儼獨得其奧。相傳杜順著有《華嚴法界觀門》、《華嚴五教止觀》各一卷，為華嚴宗在觀行方面的無盡緣起說和判教方面的五階次第說奠定了理論基礎。《華嚴法界觀門》的全文見於法藏所撰《華嚴發菩提心章》，經澄觀、宗密的疏解，才得以闡明，因此有學者疑心不是杜順的著作，認為《華嚴法界觀門》用「理」、「事」說明佛境，實源自宣說這種思想的《莊嚴經論》和《佛地經論》，所以應在這兩論之後。《華嚴五教止觀》全文大部分見於法藏所撰《華嚴遊心法界記》，而且出現了玄奘所用的譯語，又提到佛授記寺，於是產生了

是否為杜順所撰的問題，為學者所聚訟，懸而未決。

智儼 (602-668)，俗姓趙，天水（今屬甘肅）人，早年隨杜順出家，杜順將他託給達法法師培養。在至相寺由二位梵僧教他研習梵語，頗有成就。曾隨法常聆聽《攝大乘論》，並聽智正講《華嚴經》。智儼還搜集有關《華嚴經》的各種注解，特別讚賞地論學派慧光《華嚴經疏》所闡述的別教一乘說和無盡緣起說。後隨異僧研習《十地經論》的六相義，終有所悟，於是撰著《華嚴經搜玄記》，對《華嚴經》作了詳細的解釋。後來他在至相寺弘傳《華嚴》義理，時人稱他為至相大師。他所作的《華嚴一乘十玄門》，就是根據《華嚴經》經義建立「十玄緣起」的新說，此說後為法藏所發揮。智儼還著《華嚴經內章門等離孔目章》（略稱《華嚴孔目章》），依據慧光的觀點草創五教說，但未有明確的教相判釋，後來才由法藏確定。他還曾在雲華寺講解《華嚴經》，時人稱他為雲華尊者。智儼於唐高宗總章元年在清淨寺圓寂，時年六十七歲。門下有薄塵、法藏、慧曉、懷齊、義湘等，法藏為華嚴宗三祖，義湘是朝鮮華嚴宗的始祖。智儼著作有《華嚴經搜玄記》、《華嚴一乘十玄門》、《華嚴孔目章》、《華嚴五十要問答》、《金剛般若經疏》。還有著作多種，均已失傳。

法藏 (643-712)，字賢首，俗姓康，先世為康居人，號康藏法師。十七歲出家，在雲華寺聽智儼講《華嚴經》，成為智儼門下的高足。其後，武則天捨宅為太原寺，廣度僧眾，於是薄塵等京城耆德乃連狀薦舉，度其為僧，並且讓他隸屬太

原寺。印度沙門地婆訶羅從印度帶來了《華嚴經・入法界品》，他特請譯出以補足晉譯《華嚴經》的脫漏。在武則天的支持下，法藏大力從事講說、翻譯和著述。後來武后詔令實叉難陀新譯八十卷《華嚴經》，法藏參與譯場，擔任筆受，對當時的譯事，貢獻良多。八十卷《華嚴經》譯畢之後，法藏便奉敕擔任講解。長安四年（西元 704 年），法藏在長生殿為武后講說「六相」、「十玄」的義理。武后驟聽之下，茫然不解。於是法藏就以殿隅金獅子作譬喻，詳為解釋，使得武后豁然領悟。這一次的講稿後來被集錄成文，稱為《華嚴金師子章》，是瞭解華嚴宗法界緣起義理的一篇重要文章。據說法藏前後宣講《華嚴經》三十餘次，得武后賜號「賢首」，所以華嚴宗又名賢首宗。法藏還親自請教印僧地婆訶羅，得知印度智光和戒賢的三時判教說大異其趣，以無自性為究竟義理，法藏即以此為反對法相宗三時說的根據。睿宗先天元年（西元 712 年），法藏在長安大薦福寺圓寂，時年七十歲。弟子有宏觀、文超、智光、宗一、慧苑、慧英等。法藏的著述甚豐，其中闡發《華嚴》思想的著作有：《華嚴經探玄記》、《華嚴一乘教義分齊章》、《華嚴金師子章》、《華嚴經旨歸》、《華嚴遊心法界記》、《華嚴發菩提心章》、《修華嚴奧旨妄盡還源觀》等都是名作。

　　法藏逝世後，其學說為弟子慧苑所修改。法藏晚年著作新譯《華嚴經》略疏未成，而遽然示寂。慧苑續作，名為《續華嚴經略疏刊定記》，在十玄緣起和判教觀點方面，都和法藏

的宗旨大相逕庭。後被正統的華嚴宗人視為異端。錢塘天竺寺法詵 (718-778)，據說是慧苑的弟子，撰述《刊定記纂釋》批評慧苑的異說。法詵的弟子就是著名的澄觀。

　　澄觀 (738-839)，俗姓夏侯，越州山陰 (今浙江紹興) 人。十一歲從寶林寺霈禪師出家，後遍遊名山，從曇一受南山律學，依玄璧受關河三論。其後在瓦官寺聽受《大乘起信論》與《涅槃經》，然後隨法詵研習《華嚴經》。之後又從湛然學天台止觀，並從慧忠、道欽等禪師諮決南宗禪法；謁見慧雲禪師探究北宗禪理，更遍習經傳子史等儒書。此後長住五臺山大華嚴寺，專行方等懺法，主講《華嚴經》，以為「文殊主智，普賢主理，二聖合為毗盧遮那，萬行兼通，即是《華嚴》之義」(《宋高僧傳·澄觀傳》)。貞元十二年 (西元 796 年)，奉詔協助翻譯、審定南印度烏荼國送來的《華嚴經》後分梵本，即《四十華嚴》，同時講經、疏文，為朝廷所重。傳說德宗皇帝曾賜號「清涼」，故亦稱「清涼國師」。澄觀闡發法藏的思想，反駁慧苑對法藏學說的纂改，但是由於澄觀參學廣泛，思想駁雜，所以，與法藏已有差別。他把禪宗和天台宗的教義引入華嚴體系，並明示其宗旨即在「會南北二宗之禪門，攝台、衡三觀之玄趣」(《華嚴經隨疏演義鈔》卷二)，因此澄觀雜有不少禪宗和天台宗的見解。澄觀的著述甚多，大約四百餘卷，被稱作「華嚴疏主」，主要有《華嚴經疏》、《華嚴經隨疏演義鈔》、《華嚴法界玄鏡》、《華嚴經略策》等。傳法弟子百餘人，以海岸、寂光為首，而由宗密繼承其法統。

宗密 (780-841)，俗姓何，果州西充（今四川省西充縣）人，家本豪盛，少通儒書。唐憲宗元和二年（西元 807 年），從禪宗荷澤神會系的遂州道圓出家，傳承荷澤宗的禪法，精研《圓覺經》，頗有證悟，獲得道圓印可。元和五年（西元 810年），遊方到襄漢，遇澄觀弟子靈峰，從學澄觀所著《華嚴經疏》與《華嚴經隨疏演義鈔》。不久即赴長安拜謁澄觀，親受其教。元和十一年（西元 816 年）後，時常往來於終南山與長安之間，後居終南山草堂寺，起草《圓覺經疏》。又入草堂寺南的圭峰蘭若，誦經修禪，傳法著述。唐武宗會昌元年（西元 841 年），在興福塔院圓寂，時年六十二歲。宣宗即位，追諡定慧禪師，世稱圭峰禪師。宗密的著疏很多，約有二百多卷，大致可分三類：一是闡釋華嚴義理的，例如《華嚴經行願品別行疏鈔》、《註華嚴法界觀門》、《華嚴原人論》等；一是關於禪的，例如《禪源諸詮集都序》、《禪門師資承襲圖》等；一是弘揚《圓覺經》的，例如《圓覺經大疏》、《圓覺經大疏釋義鈔》、《圓覺經略疏之鈔》等。此外，對《金剛經》、《盂蘭盆經》、《起信論》，也有疏注。他的著作「皆本一心而貫諸法，顯真體而融事理」（《宋高僧傳·宗密傳》），這也是其著作內容的概括。宗密一生，除了闡述華嚴教義，還致力調合禪和華嚴，對當時「教家」（三論、天台、法相和華嚴諸宗）和「禪門」（荷澤、牛頭和洪州諸宗）的對立，十分不滿，故而強調教禪一致，認為「經是佛語，禪是佛意，諸佛心口必不相違」（《禪門師資承襲圖》），歷來祖師「未有講者毀禪，

禪者毀講」(同上)，提出以教之三種與禪之三宗對應的理論，並以「行在南禪，教弘華嚴」為志職。宗密雖被列為華嚴宗五祖，但是他的思想卻帶有明顯的禪宗成分。他早年曾治儒學，所以也主張佛、儒一源，而且把佛教內部諸宗的統一推擴到儒、釋、道三家的調合。宗密的弟子甚多，著名的有圭峰溫、慈恩寺太恭、興善寺太錫、萬乘寺宗、瑞聖寺覺、化度寺仁瑜等六人，此外，還有玄珪、智輝等，而執弟子禮者，四眾超過數千人之多。

華嚴宗在宗密圓寂後四年，遭逢唐武宗滅佛，經論散佚，僧徒離走，漸趨衰落，幾近滅亡。此後一些華嚴學者在理論上無甚創造和發展。

第二節　唐朝以後華嚴宗的流布

在會昌禁佛中，華嚴宗受到打擊。直到宋初有子璿及其高徒淨源起而復興，後有道亭、觀復、師會、希迪四人各有著述闡發華嚴宗義，稱為宋代華嚴四大家。元代有妙文、文才；明代有洪恩、明河；清代有續法、通理；民國以來有月霞、應慈、智光、南亭等弘揚華嚴義理。

子璿 (965–1038)，俗姓鄭，字仲微，號長水大師，杭州錢塘人。師事普慧寺契宗，誦《楞嚴經》。十二歲受沙彌戒，十三歲受具足戒。後詣秀州靈光寺從洪敏聽講《楞嚴經》，至「動靜二相，了然不生」一句乃有省悟。後究華嚴奧旨。既

而往謁滁州瑯琊慧覺（臨濟宗汾陽善昭弟子），欲留常侍。慧覺勉以扶持大宗，弘闡華嚴。乃至長水（河南洛寧縣西）專事講述，以《華嚴》、《楞嚴》授徒。並用華嚴義旨疏解《楞嚴》，而以傳弘宗密之學為主，開宋代華嚴宗中興之端。著有《首楞嚴義疏注經》、《大乘起信論筆削記》等。大中祥符六年（西元 1013 年），署「長水疏主楞嚴大師」之號，弟子有淨源等。

淨源 (1011–1088)，俗姓楊，字伯長，自號潛叟。先世為泉州晉水（今福建省晉江縣）人，學者稱晉水大師。先受華嚴於五臺山承遷，繼學於橫海明覃之門。其後南返，師事長水子璿，聽受《楞嚴經》、《圓覺經》及《大乘起信論》。先後住持泉州清涼寺、蘇州報恩寺、杭州祥符寺等處弘傳《華嚴》。淨源繼子璿之後，振興華嚴宗風，當時稱為中興教主。著有《金師子章雲間類解》、《華嚴妄盡還源觀疏鈔補解》、《華嚴原人論發微錄》等。淨源傳法神瑩希沖，希沖傳法道鳴妙觀，妙觀傳法玉峰師會。

師會竭力恢復智儼、法藏的古義，批判在他之前的道亭和同時的觀復對於判教的說法，他的弟子希迪亦發揮其說。在兩宋的《華嚴一乘教義分齊章》（即《華嚴五教章》）注釋者中，道亭、師會、觀復、希迪被後世稱為「宋代華嚴四大家」。

道亭，趙宋人，神宗時住霅溪（今浙江省吳興縣南）普靜寺，撰有《華嚴一乘教義分齊章義苑疏》（簡稱《義苑疏》），

經由條分縷析《五教章》的眾多義理，而把握其中心思想，並以「海印三昧」概括華嚴教義，同時辨明華嚴宗與天台宗和禪宗的區別。南宋師會認為《義苑疏》的釋文大多依據澄觀和宗密的著作，很難掌握法藏的原意。

師會 (1102–1166)，字可堂，自幼研習《華嚴》，深諳《華嚴孔目章》，體得「六相」、「十玄」等奧旨。師會早年重視研究《華嚴五教章》，直到六十五歲時才動筆注解此書，至《斷惑分齊章》，罹疾而逝，遺命弟子善熹繼其志業，而成《華嚴一乘教義分齊章復古記》。《復古記》是以智儼和法藏的學說為標準，與道亭的《義苑疏》不同。復有《華嚴一乘教義章焚薪》，是師會為批判其弟子觀復之失而作；以及《華嚴同教一乘策》（簡稱《同教策》）。

觀復，號笑庵，先後從學於師會、宗豫。著有《圓覺經鈔辨疑誤》、《華嚴疏鈔會解記》、《金剛別記》、《遺教經論記》，引起較大反應的是《五教章析薪記》。《析薪記》以澄觀、宗密的著作，來解釋法藏的《華嚴五教章》，因而受到師會的批判。

希迪，又號「武林沙門」，於嘉定十一年（西元 1218 年）撰《華嚴五教章集成記》六卷（今存一卷），具有總結研究《五教章》成果的性質。在此之前，已作《註華嚴同教一乘策》，注解師會的《同教策》。此外，又作《評復古記》（亦名《扶焚薪》），以師會之說為依據，批判觀復之言。希迪的著作也以《華嚴五教章》研究為中心，主要在討論「同教」與「別

教」的問題。

　　此後有義和、鮮演、戒環（著《華嚴要解》）、祖覺（著
《華嚴集解》）相繼弘揚華嚴義理。元代有文才 (1241–1302)，
俗姓楊，號仲華，清水（在今陝西省）人，一生以大弘清涼
（澄觀）之道為己任，著《華嚴懸談詳略》介紹唐代澄觀以
來的華嚴教義，更以華嚴學解釋《肇論》，作《肇論新疏》和
《肇論新疏游刃》，是元代少數專弘華嚴的名僧之一。弟子有
了性、寶嚴，皆以弘闡華嚴義學著稱。元末明初知名華嚴學
僧是大同 (1289–1370)，字一雲，號別峰。早年出家於會稽崇
勝寺，習華嚴教義，特重《五教儀》和《玄談》二書，又習
「四法界觀」。後隨中峰明本習禪數年，「始知萬法本乎一心，
不識孰為禪，又孰為教也」（《大明高僧傳》卷三），因此，大
同所弘揚的是教禪融合的華嚴思想。

　　明朝有圓鏡，講說華嚴教義。祖住 (1522–1587)，俗姓楊，
字幻依，號麓亭，丹徒（在今江蘇省）人，依朝陽和尚研習
《華嚴》等經，隨高安和尚習禪。後至京城，見松、秀二法
師，盡得清涼宗旨。祖住離京南返，在京口萬壽寺講說《大
疏鈔》，全依澄觀的著作宣講《華嚴》。嘉興東禪寺明德
(1531–1588) 早年曾習瑜伽教義，苦心研究《楞嚴》等經疏，
因讀李通玄《華嚴經合論》，而闡揚華嚴奧旨，先後宣講《華
嚴懸談》、《大疏鈔》、《圓覺疏鈔》等，繼承了澄觀、宗密的
華嚴學。明朝末年四大高僧：袾宏、真可、德清、智旭，既
重禪學，又重義學，對《華嚴》的運用各有偏重，理解也互

有不同。袾宏輯錄《華嚴經感應略記》，德清編著《華嚴經綱要》，智旭在所著《大乘起信論裂網疏》中，運用華嚴理論，發揮《起信論》的學說。

明末清初，德水明源以振興華嚴為己任，著有《五教解消論》。其弟子續法 (1641–1728)，俗姓沈，字柏亭，號灌頂，仁和（浙江杭州）人，九歲師從袾宏法裔德水明源研習華嚴教義，其後遍研諸經，融會眾說，在杭州一帶弘揚《華嚴》五十多年，歷住慈雲、崇壽諸剎，弟子有培豐、慈裔、正中、天懷等二十餘人。續法著述二十餘種，達六百卷，其中關於華嚴宗的史書是《法界宗五祖略記》、《華嚴宗佛祖傳》；總結華嚴教理的著作是《賢首五教儀》、《賢首五教儀科注》；為了便於理解，簡要概述華嚴教義的著作有《賢首五教儀開蒙》、《法界宗蓮華章》、《法界境燈章》、《法界頌釋》、《賢首五教斷證三覺揀濫圖》。另有《法界觀鏡纂注》、《賢首十要》等。被認為是中興華嚴的代表人物。通理 (1701–1782)，俗姓趙，字達天，河北新河人。少年出家，遊方參學，先習《法華》，因撰《法華經疏》而有所悟。後入京城就學於有章元煥，「深得祕要，遂發明十宗五教之旨，不遺餘力，為清代中興賢首一人」（《新續高僧傳》卷十本傳）。曾主講於嘉興寺，傳揚澄觀的《華嚴經疏》，名著京畿。乾隆皇帝曾賜紫衣及「闡教禪師」號，並命其主持滿文大藏經譯事。著作有《五教儀開蒙增注》等。

清末楊文會 (1837–1911) 蒐得智儼的《搜玄記》和法藏的

《探玄記》等，輯錄為《華嚴著述輯要》、《賢首法集》等。他還廣究諸宗，尤其服膺法藏的教義，自稱「教宗賢首」，並且鑒定刻出《華嚴三昧章》一書流傳於世。

第三節　民國以來華嚴宗的傳衍

民國以來弘揚華嚴的代表人物有：月霞、應慈、持松、常惺、智光、南亭、成一等。

月霞 (1858-1917)，俗姓胡，名顯珠，湖北黃岡人。幼習醫學，後於南京觀音寺出家。曾歷遊名山，遍參高明。得受常州天寧寺冶開禪師器重，承其法嗣。初習天台學，後改學華嚴教，對杜順的法界觀，以及法藏和澄觀的章疏都有研究。先後至武漢、北京、江蘇、浙江等地講經，足跡遍及泰國、緬甸、錫蘭、印度、日本，曾在東京為留日學人講經，備受歡迎。1909 年，與諦閑在南京創辦僧師範學堂。1914 年在上海哈同花園創辦華嚴大學，專弘《華嚴經》。持松、常惺、慈舟等皆在此受業。1917 年移居常熟虞山興福寺擔任住持，續辦華嚴大學。著述均已散佚，僅有《維摩詰經講義》行世。

應慈 (1873-1965)，俗名余鐸，又名顯親，原籍安徽歙縣人，生於江蘇東台。1896 年於普陀山出家，曾在金山寺、高旻寺、天寧寺（常州）參禪，得法於天寧寺冶開。後隨月霞學習華嚴教義，協助月霞在上海開辦華嚴大學、華嚴講堂。不久赴杭州菩提寺，專究華嚴典籍。1925 年又辦清涼學院培

育華嚴預科學僧，後續辦正科。一生講經傳戒、培養學僧，重在弘揚華嚴義理，教禪雙融。自號華嚴座主，晚年住錫上海慈雲寺潛修，著有《心經淺說》、《正法眼藏》行世。

持松 (1894–1972)，法名密林，自號師奘沙門，湖北荊門人。家世業儒，十八歲出家。1915 年入上海華嚴大學，隨月霞法師研習華嚴教義。1919 年主講於法界學院，專弘華嚴學。1922 年赴日本高野山探究真言教法，得五十一世阿闍黎位。返國後，在杭州、遼寧、南京、武漢、北京等地傳法灌頂，名盛一時。持松通日文、梵文，善詩詞，工書法。著有《華嚴宗教義始末記》、《密教通關》、《攝大乘論義記》、《師奘文鈔》等二十六種。

常惺 (1896–1939)，俗姓朱，法名寂祥，自署雉水沙門，江蘇如皋人。十二歲出家，皈依自誠長老。1916 年就讀上海華嚴大學，曾習禪於常州天寧寺，又隨諦閑學習天台教觀，從月霞學習華嚴義理，依持松學習日本東密。先後主辦杭州昭慶寺僧師範講學所、北京柏林教理院、江蘇泰縣光孝佛學研究社，培育僧才。撰有《賢首概論》、《佛法概論》、《因明入正理要解》、《大乘起信論親聞記》等，以通俗語言闡釋佛法。後人輯其著述為《常惺法師集》行世。

智光 (1889–1963)，俗姓孫，號以心，法名文覺，江蘇泰縣人。十三歲依宏開寺道如上人出家，1906 年，就讀揚州天寧寺僧師範學校。1908 年，入南京祇園精舍就讀，與仁山、太虛同學。1913 年返回泰縣創辦儒釋初高小學，培育僧才。

1915 年，就讀上海華嚴大學，親近月霞法師，遂於《華嚴經》
特有研究。後隨月霞南北講經，更從冶開尊宿參禪三年。1921
年，入泰州北山寺掩關，專究《華嚴》。1929 年，前赴香港
講解《普賢行願品》，又於北山寺講說《普賢行願品》。1934 年，
創辦焦山佛學院，造就弘法人才。1949 年來臺，暫居十普寺，
1952 年，住錫其門人南亭所創建的華嚴蓮社，講演大乘諸經，
發起華嚴供會，1963 年示寂於蓮社。著有《華嚴大綱》，可
惜毀於抗日戰爭。另作《婦女學初步》等，門人集為《智光
大師法彙》行世。

　　南亭 (1900–1982)，俗姓吉，江蘇泰縣人。十歲出家，師
事智光。1925 年赴安慶就讀，依止常惺法師。1927 年起，往
來滬、常、鎮、錫各寺，宣講《華嚴經》、《維摩經》等。1931
年襄助常惺創立佛學研究社。1934 年任光孝寺住持，復興法
務，不遺餘力。1949 年，侍智光來臺，於臺中、臺北佛教會
館宣講大乘經典，曾兩度出任中國佛教會祕書長。1952 年創
建華嚴蓮社，宣說華嚴經論，且籌印《大藏經》，成績斐然。
1958 年掩關臺中，禮誦《華嚴》。1964 年創辦智光高級商工
職校，以紀念其師。1975 年創建華嚴專宗佛學院，舉辦《華
嚴經》講座，極盛一時。1972 年，將蓮社交付徒孫成一主持。
南公於 1982 年安祥示寂，著有《華嚴宗史略》、《中國華嚴宗
概況》、《心經講義》、《釋教三字經講話》等，弟子彙印《南
亭和尚全集》傳世。

　　成一 (1914 ～)，俗姓王，名汝康，字聞虛，號瑞定，別

號壽民。十五歲感悟人生多苦，隨春遠和尚出家，十八歲就讀泰縣光孝佛學院。1940 年受具足戒。1942 年入上海中醫學院，學有所成。旋於上海玉佛寺創辦佛教診所，以醫術濟世。1948 年渡海來臺，普施法雨。1952 年隨師祖南亭和尚創辦華嚴蓮社。先後出任頭城念佛會會長、宜蘭縣佛教會會長，並主編《覺世旬刊》，創建僑愛佛教講堂，宣說《淨土三經》。1972 年繼南亭和尚之後，出掌華嚴蓮社第三任住持，除講經、弘法之外，並從事教育、文化、醫藥學術研究，參與智光商工建校事務，協辦華嚴專宗學院。傳法弟子計十五人，其中賢度已於 1994 年接任蓮社住持。成公已屆八十有八高齡，仍積極靜修和寫作。著有《華嚴文選》、《慧日集》三冊、《成一文集》等書行世。

賢度，別號思齊，江西省會昌縣人，曾受佛學院、佛學研究所教育，專修華嚴經教及普賢行，師承成一和尚，並以華嚴行者為終身職志。曾任華嚴專宗學院教務、訓導主任、華嚴蓮社監院。現任華嚴蓮社住持、華嚴專宗佛學院副院長，竭力推展弘法、教育、文化、慈善等工作，尤其重視僧伽教育，積極培養專修、專研、專弘之弘法人才。著有《華嚴學講義》、《華嚴學專題研究》、《華嚴淨土思想與念佛法門》等。

第四章

華嚴宗的判教觀點

五教十宗是華嚴宗的判教說，
華嚴宗判教的目的乃在「務令聖說各契其宜」。

　　判教也稱為「教相判釋」、「教判」，意為對各種佛教經典進行總結、分類，並且判定其類別、先後及其地位。它有二層涵義：一是判定佛教經論的旨趣和解釋經論的義理；二是判定佛教教理的大小、深淺。合而言之，就是對佛教的經論典籍，以及各派教義作不同的分類，判別它的深淺、大小、權實、偏圓，經過整理、歸納之後，組成一個統一的體系。

　　印度佛學的判教，主要是表示新出的經義勝過舊說，它側重的是對前說的批判。中國佛學的判教不同於印度，它注重各種教義的融通。華嚴宗五祖宗密對判教的旨趣說得非常清楚：

　　　　經有權實須依了義者，謂佛說諸經，有隨自意語，有隨他意語；有稱畢竟之理，有隨當時之機；有詮性相，有頓漸大小，有了義不了義。文或敵體相違，義必圓通無礙（《禪源諸詮集都序》卷一）。

　　「判教」的宗旨乃在求得佛典義理的圓通無礙。近人梁啟超先生說，中國的判教「常以觀其會通為鵠」（《大乘起信論考證》），允為卓見。由此可知，判教在中國佛學而言是統攝性的會通說，而非否定性的批判說。

　　一般來說，中國佛學正式的判教是興起於南北朝時代，當時已有「南三北七」的判釋，這是學界所公認的，後來才有各宗的判教觀點，例如，華嚴宗「五教十宗」的判教觀點。

第一節 南三北七的判釋

「南三北七」是指南北朝時期中國佛教學者的十種判教主張;「南三」謂南朝有三種觀點,「北七」謂北朝有七種觀點。

江南諸師主要是依據佛陀說法的形式,開立頓教、漸教、不定教三種教說,其中在漸教方面,又立有三時教說、四時教說、五時教說等三種判教。

一、三時教說

虎丘山岌師在漸教內開立:有相教、無相教和常住教三時教。

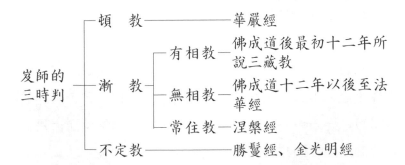

二、四時教說

宗愛法師在漸教內開立：有相教、無相教、同歸教、常住教四時教。

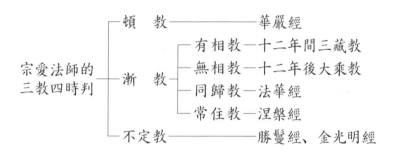

宗愛法師的
三教四時判
├─ 頓　教───────華嚴經
├─ 漸　教
│　　├─ 有相教─十二年間三藏教
│　　├─ 無相教─十二年後大乘教
│　　├─ 同歸教─法華經
│　　└─ 常住教─涅槃經
└─ 不定教───────勝鬘經、金光明經

三、五時教說

據吉藏《三論玄義》說，慧觀開立頓、漸二教，一說慧觀於頓、漸二教外，另立不定教為三教。於漸教中開為五時：有相教、無相教、抑揚教、同歸教、常住教。

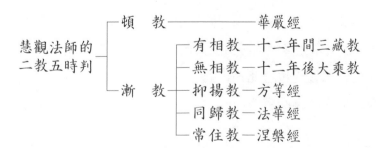

慧觀法師的
二教五時判
├─ 頓　教───────華嚴經
└─ 漸　教
　　├─ 有相教─十二年間三藏教
　　├─ 無相教─十二年後大乘教
　　├─ 抑揚教─方等經
　　├─ 同歸教─法華經
　　└─ 常住教─涅槃經

北地諸師主要側重佛陀說法的內容，開立七種判教：

一、五教說

某師用隱士劉虬之說，開立：人天教、有相教、無相教、同歸教、常住教等五時教。

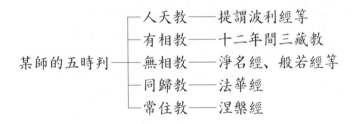

二、二教說

北魏菩提流支開立半字教（聲聞藏、小乘教）和滿字教（菩薩藏、大乘教），為二教說。

三、四宗說

地論師慧光開立頓、漸、圓三教，對華嚴宗三祖法藏的影響頗大。智儼把《華嚴經》攝入圓、頓二教，法藏則將《華嚴經》置於圓教地位。此外，慧光又判立因緣宗、假名宗、誑相宗、常宗，為四宗說。

慧光論師
的四宗判

┌ 因緣宗──阿毘曇論
├ 假名宗──成實論
├ 誑相宗──大品般若經、三論
└ 常　宗──涅槃經、華嚴經

四、五宗說

護身寺自軌法師開立：因緣宗、假名宗、誑相宗（不真宗）、常宗（真實宗）、法界宗，為五宗說。

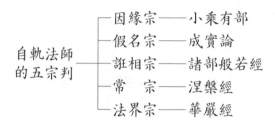

自軌法師
的五宗判

┌ 因緣宗──小乘有部
├ 假名宗──成實論
├ 誑相宗──諸部般若經
├ 常　宗──涅槃經
└ 法界宗──華嚴經

五、六宗說

耆闍寺安凜法師開立：因緣宗、假名宗、誑相宗、常宗、真宗、圓宗，為六宗說。

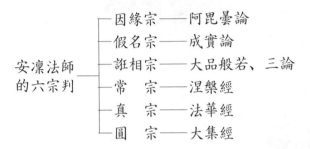

安凜法師
的六宗判
- 因緣宗——阿毘曇論
- 假名宗——成實論
- 誑相宗——大品般若、三論
- 常　宗——涅槃經
- 真　宗——法華經
- 圓　宗——大集經

六、二種說

北地禪師開立:有相大乘和無相大乘二種大乘教。《華嚴經》、《瓔珞經》立十地位次,為有相大乘;《楞伽經》、《思益經》未立位次, 為無相大乘。

七、一音說

北地禪師開立一音教,認為佛陀以一音演說大法,眾生隨類各得其解。

「南三北七」的判教,都自成一家之言,並統攝當時整個佛教思想,可以說是後世各宗派判教的先導。尤其是南朝道場寺慧觀的判攝,影響很大,在他之後的各種判教,雖然在內容和次第上有所改變,但是基本上並沒有超出這一模式。

第二節　五教十宗的判釋

五教十宗是華嚴宗的判教說,華嚴宗判教的目的乃在「務

令聖說各契其宜」（法藏《華嚴經探玄記》卷一）。華嚴宗三
祖法藏提出「五教十宗」的判教學說，他說：「就法分教，教
類有五」（同上），「以理開宗，宗乃為十」（《華嚴一乘教義分
齊章》卷一）。法藏以「五教」為主，「十宗」為輔，「十宗」
只是「五教」在義理方面的詳細鋪陳。

　　法藏就教法的高下深淺，把佛法分為五類（五教）：

　　一、小乘教　又稱「愚法二乘教」，是專為無法接受大乘
教義的聲聞乘、緣覺乘所說的教法。其典籍有《阿含經》等
原始佛學經典，以及《發智論》、《大毘婆娑論》等部派佛學
論典，主要是宣揚「四諦」、「十二緣起」等義理。

　　二、大乘始教　是為開始從小乘轉入大乘者所說的淺顯
教法，是大乘佛教開始階段的教義，分為「相始教」和「空
始教」二種。「相始教」的經論有弘揚萬法唯識的《解深密經》、
《瑜伽師地論》、《成唯識論》等；「空始教」的經論有宣講一
切皆空的《般若經》、《中論》、《百論》、《十二門論》等。這
兩教的目的都在破執，但是尚未闡述佛性妙有的義理，未盡
大乘法理，所以又稱為「權教」。

　　三、大乘終教　是大乘佛教的終極教義，闡明真如隨緣
而現起萬物，強調一切眾生皆有佛性、皆可成佛的理論。因
為所說契合實理，所以稱為「實教」。宣說此教的經論有：《勝
鬘經》、《涅槃經》、《密嚴經》，以及《起信論》、《寶性論》、
《法界無差別論》等真常唯心系的經論。

　　四、頓教　即頓顯真如、直現佛性，不須次第修習的頓

悟法門，亦即宣講捨離言辭、不設修行階位而頓悟佛理的教義，以及語言無法描述、思維無法把握的境界。此教不說法相，只辨法性。屬於此教的經典有：《維摩經》、《思益經》等。

五、圓教　即圓融無礙、圓修圓證的教法，亦稱一乘圓教。圓教主要是闡揚宇宙萬物互相依存，大小相即，「一」「多」互融，緣起無盡的華嚴義理。屬於此教的經典是：《華嚴經》。

另外，法藏就佛法宗旨把各種經論和各種流派之說，詳細分為「十宗」，「十宗」是就教法所詮的不同理趣而立的，它的內容是：

一、我法俱有宗　主張「人我」和「法我」都是真實的存在，亦即主體「我」和客體「法」都有實性。已入佛法的人天乘，以及部派佛教中的犢子部、正量部、密林山部、法上部、賢冑部等都主張「我」與「法」皆是實有的教義。

二、法有我無宗　主張萬法是實有的，主觀的「我」是空無的。部派佛教中的說一切有部、雪山部、多聞部等即通過因緣法則確立法體恆有、人我非有的教義。

三、法無去來宗　主張諸法現在具有實體，過去與未來皆無實體；只在現有的事物上開立因果，不贊成過去為因，未來為果。部派佛教中的大眾部、雞胤部、制多山部、西山住部、北山住部、法藏部、飲光部等即主張現在有體、過未無體的教義。

四、現通假實宗　主張諸法過去、未來並無實體，而且現在的事相也有假有實；例如，現在只有「五蘊」（色、受、

想、行、識）有實體，而十二處（六根六塵合為十二處）、十八界（六根六塵六識合為十八界）則非真實存在。部派佛教中的說假部、經部，以及《成實論》等即主張現有事相，因情況不同，假實不定的教義。

五、俗妄真實宗　　主張只有出世法是真實的，世俗法是虛妄的，因為世俗諸法是顛倒幻相，只有假名並無實體。部派佛教中的說出世部即主張世諦是妄，真諦是真的教義。

六、諸法但名宗　　主張世俗法和出世法都是假名而無實體。部派佛教中的一說部即主倡一切現象只有假名，並無實體的教義。

七、一切皆空宗　　主張一切現象虛幻不實，不真故空，相當於五教中大乘始教的空始教，通過遮詮的方法否定宇宙萬法的真實性，宣稱一切事物都是從緣而起，當體即空。論說此義的經論有：《般若經》、《中論》、《百論》、《十二門論》。

八、真德不空宗　　主張真如隨緣生起一切諸法，具足無量功德，真實不假。亦即宇宙萬法都是真如、佛性的顯現，強調真如不空、佛性不滅，真如、佛性具有功德妙用。相當於五教中的大乘終教。闡述此義的經論有：《如來藏經》、《勝鬘經》、《佛性論》、《寶性論》。

九、相想俱絕宗　　主張客觀的境相和主觀的念慮一起泯除，亦即泯滅所緣的境相，斷絕能緣的心想，直顯絕待之性、離言之理。相當於五教中的頓教。敘說此義的經典有：《維摩經》、《思益經》。

十、圓明具德宗　主張佛性圓明，備具眾德，認為萬物圓滿呈現佛性所具的德用，事事主伴具足，圓融自在，彼此成就，互不相礙。相當於五教中的圓教。闡明此義的經典是：《華嚴經》。

「十宗」是對「五教」的推擴，其中前六宗屬於小乘教，後四宗分別與「五教」的後四教相配，屬於大乘教。「五教」和「十宗」判教的角度不同，然而彼此又是相應的，它們的關係如下圖表所示：

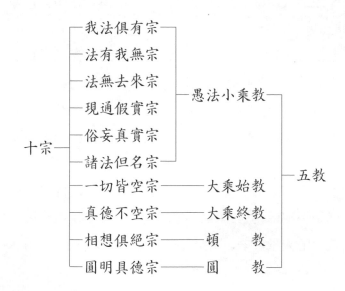

第五章

華嚴宗的基本概念

無量平等妙法界，
皆悉充滿如來身。

　　概念是指反映客觀本質屬性的思維形式，它表達了「某件事物是什麼」的抽象思維。概念可以說是思想最簡單的形式。華嚴宗具有深度的中國佛教思想，也有一些概念呈現了它的思維形式。華嚴宗運用了一系列的概念來建構其學說體系，它的基本概念是：「法界」與「一真法界」、「理」與「事」、「體」與「用」、「性」與「相」、「一」與「多」、「一念」與「九世」、「相即」與「相入」，這些概念就是構成華嚴宗學說體系的基本範疇，其中「法界」與「一真法界」、「理」與「事」、「體」與「用」、「性」與「相」是主要概念。「體」與「用」是和「理」與「事」相應的概念；「性」與「相」也是和「理」與「事」相應的概念。「性」是指本體和本質，「相」是現象和表象；華嚴宗所說的「相」又包括了總相與別相、同相與異相、成相與壞相等三對概念。由「相」的概念又導引出「一」與「多」的概念。以下簡單說明這些概念的意義。

第一節　法界與一真法界

　　梵文 Dharmmadhatu 意譯為「法界」，「法」是指諸法，「界」是指類別；「法界」亦即各類事物。大乘經論中，「法界」大都是指最高的實在、究極的真性，與真如、佛性是同義語。《大般若經·顯相品》認為法界「即是不虛妄性、不變異性、諸法真如」。《勝天王般若經》謂「性相常住，是名法界」。《瑜伽師地論》主張緣起之理即是法界。《佛地經論》稱「清淨法

界」為成佛之因、佛陀親證的本性。

華嚴宗以「法界」為整體宇宙萬法的總稱。「法界」一方
面是事物的本體,一方面也是成佛的原因。智儼和法藏都用
「法界」來說明一切事物的根源,法藏還把「法界」視為佛
性,是成佛的內在因素。後來澄觀又把法界分為「事」、「理」
兩類,再從「事」、「理」兩類推演出「理事無礙」、「事事無
礙」兩類,合為理法界、事法界、理事無礙法界、事事無礙
法界等「四法界」。華嚴宗終歸以「法界」為眾生的心性或
心體。

「一真法界」即絕對的、真實的法界,亦即諸法實相、
真如。《成唯識論》卷九謂「勝義勝義,謂一真法界」。《八十
華嚴》載「無量平等妙法界,皆悉充滿如來身」(〈世主妙嚴
品〉)、「法界平等無差別,具足無量無邊義」(〈十行品〉)。這
個清淨不染、平等無差的法界,即是「一真法界」。華嚴宗把
「一真法界」視為總攝萬有的唯一真心,亦即一切萬有的「本
源真心」。澄觀說:「一真法界為玄妙體」(《華嚴經疏鈔》),
意即「一真法界」是諸法所依而起的玄妙體性,這個玄妙體
性就是「本源真心」。

所謂「真心」是指不生不滅、清淨無染的形上本體,它
隨緣不變,不變隨緣而呈現宇宙萬物。眾生都本具這顆「真
心」,如果能夠覺悟,則可顯現佛法淨土;假使不能覺悟,則
會呈顯現世穢土。眾生雖然表現出迷悟的不同,但是他們的
本體卻是相同的「一真法界」。華嚴宗把萬有的形成和佛果的

成就都歸因於「一真法界」。法藏將一真法界視作「自性清淨
圓明體」，又稱一真法界為「真心」，他認為「心」是構成宇
宙萬物的原因，法藏說：「塵是心緣，心為塵因。因緣和合，
幻相方生」、「塵是自心現，由自心現，即與自心為緣。由緣
現前，心法方起」(《華嚴經義海百門》)。「塵」是客觀的事物；
「心」是認知的主體，也是客觀事物所以能夠存在的根源(因)，
「心」與客觀事物結合而形成各種幻相，「心」必須要與「塵」
接觸之後，才能呈現出複雜多樣的現象。澄觀強調宇宙萬法
即是「一心」，並且由「一心」來融攝萬法而成四法界，四法
界最終又歸結為「一心」。宗密說：「統唯一真法界，總該萬
有，即是一心」(《註華嚴法界觀門》)，「一真法界」即是絕對
的「一心」或「真心」。又說：「理法界也，原其實體，但是
本心」(同上)，他把「理法界」歸於「本心」，「本心」即是
「真心」。宗密主張「一真法界」即是本覺靈源，他說：「一
真者，……直指本覺靈源也」(《圓覺經大疏》卷中之一)。這
個本覺靈源亦是靈知之心，與「一真法界」都是同一概念。
宗密又說：「一真法界，即諸佛眾生本源清淨心也」(《華嚴經
普賢行願品疏鈔》卷一)。他把「一心」、「真心」和「一真法
界」視為萬有的本體、諸佛和眾生的本原。由上可知，華嚴
宗把法界歸於「一真法界」即是將法界歸於「一心」。

第二節　理與事

　　華嚴宗提出「四法界」說，所謂「四法界」即：一、事法界，二、理法界，三、理事無礙法界，四、事事無礙法界。其中「理」、「事」二字，出於印度大乘佛教經典《華嚴經》的譯文。「理」是指唯一真實的本體，或事物和現象的本性、本體。「事」是指一切現象，或各別的事物和現象。

　　最早描述「理」「事」關係的論典是《莊嚴經論》，詳加發揮「理」「事」關係的論典是《佛地經論》。華嚴宗二祖智儼繼承地論師的思想，用「理」與「事」來說明圓融無礙的華嚴學說。三祖法藏也用「理」與「事」來闡釋世間的現象和成佛的境界。四祖澄觀說：「理法名界，界即性義，無盡事法，同一性故」（《華嚴法界玄鏡》卷上）。「同一性」即共同本體。澄觀認為「理」是無盡事物的唯一共同本體。他又說：「事法名界，界則分義，無盡差別之分齊」（同上）。「界」是「分」的意思，指由本體所呈現出來的各種不同事相。華嚴宗認為每一「事」象之中，都包含以下十對內容：一、教義：言教和義理。二、理事：理體和事相。三、境智：所觀的外境和能觀的智力。四、行位：修行和所得果位。五、因果：各種修行是因，所得佛境是果。六、依正：「依」是依據，指眾生所依處的國土；「正」是正報，指依住於正報國土的佛、菩薩及一切眾生。七、體用：體性和作用。八、人法：主體

和客體。九、逆順：逆法教化和順法教化。十、感應：隨應
不同根機的各種教化和感得應現的當機眾生。華嚴宗用這十
對概括一切現象，認為每一事物的十對內容，同時相應，圓
融無礙。

　　關於「理」與「事」的關係，法藏認為是體用、本末的
關係，他說：「事雖宛然，恆無所有，是故用即體也，如會百
川以歸於海。理雖一味，恆自隨緣，是故體即用也，如舉大
海以明百川」(《華嚴經義海百門》)。這是說：事相雖宛然存
在，但卻沒有恆常自在、永恆不變的實性，所以說「用」就
是「體」，猶如百川匯集而歸於大海。理體雖是唯一的絕對，
但卻能隨順各種條件而呈現種種事相，所以說「體」就是「用」，
猶如觀看大海即可證明百川的存在。法藏把「理」視為「體」，
把「事」看成「用」，「體」「用」相即，圓融無礙。這是以「體」
和「用」的概念，來說明「理」與「事」的關係。他又說：
「塵空無性是本，塵相差別是末」(同上)。客體事物由緣而
起，空無自性，這是「本」；客體事物宛然存在，各有差別，
這是「末」。法藏把「理」視作「本」，把「事」視為「末」，
「本」「末」融攝，互不相礙。這是以「本」和「末」的概念，
來說明「理」與「事」的關係。

　　澄觀《華嚴法界玄鏡》卷二更詳細地描述了「理」與「事」
的關係：

　　一、理遍於事──即不可分割的本體（理）遍徹於有差
別的萬物（事）之中。

　　二、事遍於理──事物雖然千差萬別，但是因為具有共同的本質（理），所以每一事物又都和「理」互相等同。

　　三、依理成事──即事物依據理體才能產生，宇宙萬物都是由理體所呈現出來的，「理」是世界的根本。

　　四、事能顯理──由理體所變現出來的萬事萬物，又能夠彰顯理體。換言之，現象可以反映本體。

　　五、以理奪事──「奪」即包容、含攝。「理」能夠含攝一切的「事」，或包容所有的「事」。

　　六、事能隱理──「事」能體現「理」，也能掩蔽「理」。它真正的意義是：透過千差萬別的「事」去認識「理」。

　　七、真理即事──凡是真理，必然不能捨離事相，由事外無理，得到「理即是事」的結論。這是把「理」和「事」等同視之。

　　八、事法即理──一切事物都是由唯一絕對的理體所呈現，它們的本體即是「理」，所以「事」可以和「理」等同。

　　九、真理非事──雖然「理」是「事」的本源，與「事」密切相關，但是「理」是「理」，「事」是「事」，「理」與「事」畢竟有別。

　　十、事法非理──「事」雖然是「理」的呈現，但是「事」終究是「事」，畢竟與「理」不同。

　　由上可知：「理」含攝了所有的「事」，「事」又攝受了全部的「理」，「理」與「事」既有差別，又可統一，這就是「理事無礙」的圓融關係。這種「理」與「事」的關係，實即「體」

與「用」的關係。

第三節　體與用

　　「體」就是體性、本體；「用」就是功能、作用，中國大乘佛教論著中頗多「體用」概念。「體用」是泛稱，根本是「體」，從「體」引生出來的是「用」。亦即「體」是第一性，「用」是第二性。

　　華嚴宗一方面主張「體」「用」各別，一方面又倡導「體」「用」雙融。法藏說：

　　　　體用各別，不相和雜，方成緣起。若不爾者，諸緣雜亂，失本緣法，緣起不成（《華嚴經探玄記》卷一）。

　　「體」與「用」各不相同，互不錯雜，於是才能互為緣起。如果不是這樣，那麼各種條件必定紛雜錯亂，喪失緣起的條件，無法構成萬物。由於條件不同，所以在因緣和合中，「體」「用」必然有別。至於「體」「用」雙融，則有以下的涵義：

　　一、以體無不用故，舉體全用。
　　二、以用無不體故，即唯有相即，無相入也。
　　三、歸體之用不礙用，全用之體不失體，是即無礙雙

存，亦入亦即，自在俱現。

四、全用之體體泯，全體之用用亡，非即非入，圓融
　一味。

五、合前四句，同一緣起無礙俱存。

六、泯前五句，絕待離言，冥同性海（同上）。

這是說舉「體」便是全「用」，「體」和「用」圓融為一；
舉「用」即是全「體」，「體」和「用」相即相入。這已說明
了「體」和「用」互相蘊含、彼此融合的關係。法藏又說：

> 觀體用者，謂了達塵無生無性味，是體；智照理時，
> 不礙事相宛然，是用。事雖宛然，恆無所有，是故用
> 即體也，如會百川以歸於海。理雖一味，恆自隨緣，
> 是故體即用也，如舉大海以明百川。由理事互融，故
> 體用自在（《華嚴經義海百門》）。

了悟客體事物緣起性空，沒有固定不變的實性，這叫做
「體」；以般若妙慧觀照理體時，並不會妨礙虛幻的事相仍然
清晰可見，這叫做「用」。事物的幻相雖然清晰可見，但卻是
由緣而生，沒有恆常自在的實性，所以說「用」就是「體」，
正像百川聚合流歸大海一樣。理體雖然唯一絕對，但是卻能
隨順各種條件變現許多事相，所以說「體」就是「用」，正如
觀看大海即可證明百川的存在一樣。由於「理」與「事」互

相融攝，所以「體」與「用」也彼此容受。這已說明了「用」即「體」，「體」即「用」，「體」「用」圓融無礙、相即相入的關係。

第四節　性與相

「性」即法性，是指永恆不變的本性、體性。「相」即相狀，是指由各種條件聚合而起並且可以被人認識的現象、事相。法藏認為每一事物都有三性（遍計所執性、依他起性、圓成實性），他又從「本」、「末」兩方面來說明「性」，亦即每一事物都有三性，三性各自都有兩方面的意義，法藏說：

> 真（圓成實）中二義者：一不變義，二隨緣義；依他二義者：一似有義，二無性義；所執中二義者：一情有義，二理無義（《華嚴一乘教義分齊章》卷四）。

圓成實性的兩方面意義是：永不變動，叫做「不變義」，隨順條件而變現各種事物，稱為「隨緣義」。依他起性的兩方面意義是：依緣而起的事物是一種暫時的存在，名為「似有義」，由各種條件聚合而生的事物，沒有恆常自在的實性，叫做「無性義」。遍計所執性的兩方面意義是：執著各種事相全都真實，名叫「情有義」，誤認有情眾生都沒有真實不變的理體，這是「理無義」。法藏認為「性」與「理」、「相」與「有」

是等同的，「理無義」、「無性義」、「不變義」都是指真如體性而言；「情有義」、「似有義」、「隨緣義」都是指外在的事相而言。由「理無」、「無性」、「不變」三義的同一，而安立「本三性」的無異義，由「情有」、「似有」、「隨緣」三義的同一，而安立「末三性」的無異義。

這三性六義包括了「隨緣」與「不變」、「似有」與「無性」、「情有」與「理無」等相對的概念，然而，這些相對的概念也是互相圓融的。

關於「相」，法藏認為有六種，即總相、別相、同相、異相、成相、壞相等六相，由緣而起的萬物都具足六相。法藏即以總相和別相；同相和異相；成相和壞相三對概念六個方面來說明宇宙萬物雖然各不相同，但是都可以圓融無礙。

華嚴宗認為「性」與「相」的關係是圓融無礙的，法藏主張「性」是真如本體，「相」是虛妄事相，又說：「真該妄末，妄徹真源，性相融通，無障無礙」（《華嚴一乘教義分齊章》卷四）。這是說真如本體含攝一切虛妄的事相，虛妄的事相以真如本體為根源，真如本體與虛妄事相，彼此融通，圓融無礙。「性」「相」貫通融攝，毫無障礙。

第五節　一與多

《華嚴經·初發心功德品》說：「一切中知一，一中知一切」，「一切」即是「多」，華嚴宗由此而提出「一中多，多中

一」、「一即多，多即一」的命題。「一」意指本體，「多」意指現象。法藏說：

> 一即具多名總相，多即非一是別相；多類自同成於總，
> 各體別異現於同；一多緣起理妙成，壞住自法常不作，
> 唯智境界非事識，以此方便會一乘（《華嚴一乘教義分
> 齊章》卷四）。

　　唯一的理體變現出眾多的事相，名為「總相」，事物具有眾多的形象，不同於唯一的理體，稱為「別相」；許多不同的事物共同合作而形成一個整體，名為「同相」，各種不同的事物有別於同一的整體，稱為「異相」；本體與事相共同成就一大緣起，名叫「成相」，事物各自保持自己的特性，互不合作，名叫「壞相」。「一」是總相，「多」是別相。「一」具足「多」，這是總相；「多」不是「一」，這是別相。由「總」「別」連繫到「一」「多」，「總」由「別」成，「別」即是「總」，同理，「一」由「多」成，「多」即是「一」。各別事物對自身而言，是「自一」，各別事物共同存在，就其總和來說，形成「多一」，「自一」存在於和「多一」的相互關係之中，「自一」與「多一」互相依存，這就是「一與多互為緣起，相由成立故」。因此，法藏說：

> 一多相由成立，如一全是多，方名為一；又多全是一，

方名為多。多外無別一,明知是多中一;一外無別多,
明知是一中多(《華嚴經義海百門》)。

由於「一」與「多」,互為緣起,相由成立,所以說:「一」
中有「多」、「多」中有「一」。法藏還就事物的「異體」關係
和「同體」關係來論證「一」與「多」的相入相即。

就事物的「異體」關係來論證「一」「多」的相入,譬如:
以「一」與「十」(多)為例,「一」是數目之始,也是「十」
的基礎,它包含了成就「十」的因素,因此,可以說:「一中
十」,更進一步說:「一即十,何以故?若無一即無十故」(《華
嚴一乘教義分齊章》卷四)。另外,由於「一」是屬於構成「十」
的因素,因此,可以說「十中一」,更進一步說:「十即一,
何以故?若無十即無一故」(同上)。法藏認為容有「十」的
「一」和攝入「一」的「十」,都是在緣起關係中形成的,本
身並沒有自在的實性。「只由無性,得成一多緣起」(同上),
只因為沒有自在的實性,「一」和「十」(多)的互相緣起才
得以成立。「是故當知一中十,十中一,相容無礙,仍不相是」
(同上)。由此可知,「一」中有「十」,「十」中有「一」,「一」
和「十」相容互攝,既不互相妨礙,也不互相等同。法藏是
由「一」中「十」、「十」中「一」來說明「一」與「多」的
相入關係。

就事物的「同體」關係來論證「一」「多」的相即,譬如:
以「一」與「十」(多)為例,因為「十」由十個「一」組成,

而每個一「無別自體故，是故十即是一也」（同上）。「一」本身由緣而起，沒有恆常自在的實性，就此而言，「一」與「十」是相同的，所以說「十即是一」。同理，「一」是構成「十」的因素，而「一」與「十」，「更無自一故，是故初一即是十也」（同上）。「一」與「十」也都是由緣而起，沒有恆常自在的實性，就此而言，「一」與「十」是相同的，所以說「一即是十」。法藏是由「一」即「十」、「十」即「一」來說明「一」與「多」的相即關係。

　　綜上所述，法藏主要是由論證「一」與「多」的關係來說明「理」與「事」的關係。由於「一即是多」、「一即一切」，所以他說：「隨得一位，得一切位，……以諸位及佛地，相即相等故。……於一一位上即是菩薩，即是佛也」（《華嚴一乘教義分齊章》卷二）。可見，一切眾生皆能成佛或許是法藏真正的用心所在。

第六節　相即與相入

　　相即與相入是華嚴宗描述宇宙萬象圓融無礙的兩種形式，為何會有這兩種形式？法藏說：「以諸緣起法皆有二義故」（《華嚴一乘教義分齊章》卷二），因為由各種條件聚合而產生的事事物物都有兩種意義：「一、空有義，此望自體；二、力無力義，此望力用」（同上），其一為或「空」或「有」，這是從充當原因的事物自身體性來說的；其二為「有力」或「無

力」，這是從作為原因的事物是否具有直接產生結果的作用來說的。「由初義故得相即，由後義故得相入」（同上）。根據前一種意義，由緣而起的各種事物的體性可以互相融攝，這叫做「相即」；根據後一種意義，由緣而起的各種事物的作用能夠互相滲透，這叫做「相入」。

法藏側重從「體」上論述「相即」，他運用「自」「他」與「空」「有」來說明「相即」的涵義。由緣而起的事物中，「他物」是作為形成某物「自體」的條件而存在的，就「自體」而言，「他物」就失去了獨立性，因此，法藏說：「自若有時，他必無故，故他即自」（同上），「自體」是「有」，「他物」是「空」，這叫做「他」即是「自」。相反的，由於某物的「自體」是由「他物」的條件所構成，如果捨離「他物」，那麼「自體」就不能成立，因此，法藏說：「自若空時，他必是有，故自即他」（同上），「自體」是「空」，「他物」是「有」，這叫做「自」即是「他」。因為「有無、無有無二故，是故常相即」（同上），由於甲「空」乙「有」和甲「有」乙「空」在體性上並沒有分別，所以，由緣而起的事物一直都相即不離。

法藏側重從「用」上論述「相入」，他運用「自」「他」、「有力」、「無力」來說明「相入」的涵義，認為「力用中自有全力故，所以能攝他；他全無力故，所以能入自」（同上）。假使某物「自體」的力量非常強大，「他物」的力量完全消失，那麼某物就能攝取「他物」入於自身。相反的，「他有力，自

無力，反上可知」（同上），假如「他物」的力量強大，「自體」
的力量消失，那麼「他物」也能攝取某物入於自身之內。因
為「有力無力、無力有力無二故，是故常相入」（同上），由
於甲「有力」乙「無力」和甲「無力」乙「有力」並沒有分
別，所以，由緣而起的事物永遠都相入無礙。

　　相即與相入是對《華嚴經》「一塵中現無量佛剎」等說法
的哲學論證，也是華嚴宗「法界緣起」說有關現象與現象關
係的重要思想。相即相入是緣起事物的必然結果，各種條件
必須「相即相入」，圓融無礙，才能成就某一整體事物。然而，
這些構成整體事物的各種條件本身也是空無自性的，如果不
是這樣，那麼，「相即相入」的邏輯思想便不能成立。

第七節　三昧與海印三昧

　　三昧是梵文 Samadhi 的音譯，亦作三摩地、三摩提、三
摩帝，指通過鍛煉之後所達到的寂定心境，意譯為：定、正
定，亦即心念持續專注一境而不散亂。

　　海印三昧亦稱「海印定」，即佛說《華嚴經》時所入的三
昧。過去、現在、未來一切諸法都同時在一心中印現出來，
猶如浩瀚淵深的大海，湛然映現一切景象。「海印三昧」是《華
嚴經·賢首品》所說的佛的正定，進入這種正定，即可照見
宇宙一切現象，如同平靜的大海水面映現出萬象一樣，所謂
「如是一切皆能現，海印三昧威神力」。法藏解釋「海印三昧」說：

海者，即諸像重重無盡，際限難源。窮一竟無有窮，
隨一宛然齊現，是故云海也。印者，眾像非前後，同
時品類萬差。即入無礙，一多兩現，彼此無違，相狀
不同，異而非異，故云印也。定者，類多差別，唯一
不殊，萬像競興，廓然無作，故名為定也（《華嚴遊心
法界記》）。

法藏分別說明了「海」就是萬象無盡，宛然齊現；「印」
就是品類萬千，異而非異；「定」（三昧）就是唯一不殊，廓
然無作。此外，法藏又對「海印三昧」作了整體的說明：

言海印者，真如本覺也，妄盡心澄，萬象齊彰。猶如
大海，因風起浪，若風止息，海水澄清，無象不現。……
唯依妄念而有差別，若離妄念，唯一真如，故言海印
三昧也（《修華嚴奧旨妄盡還源觀》）。

法藏把「海印」解釋為「真如本覺」，真如本覺即是「一
心」（自性清淨心）。只要止息妄念，真如本覺就能清淨澄澈，
彰顯宇宙萬象。法藏認為由於妄念不斷，所以，才會有聖凡、
染淨、善惡等差別現象的產生，如能捨離妄念，深入禪定，
必可呈現唯一的真如本覺，這就是「海印三昧」。

由上可知，「海印」是用來比喻佛陀覺證的內容，和表徵
佛陀入定的境界。這個覺證的當體，就是「真如本覺」或「一

心」。這個唯一的、絕對的「一心」能夠映現出無量無邊的現象，包括地獄乃至十方諸佛淨土都能呈顯出來。就本體而言，佛陀的「心」與眾生的「心」並無差別，六十卷《華嚴經・十地品》說：「心佛及眾生，是三無差別」，眾生的體性（心）與諸佛的體性（心）是平等無差的。「海印三昧」即是這個「體性」和「一心」的別稱。

第八節　十住與十地

菩薩五十二位修行中，最初十位稱為「十信」，第二個十位名為「十住」，第三個十位稱為「十行」，第四個十位叫做「十迴向」，第五個十位稱作「十地」。

十信是初發心菩薩所要具備的十種心態：信心（發起信心，願得成就）、念心（修習六念）、精進心（精勤修習善業）、慧心（了知事相緣起性空）、定心（百雜粉碎，安住一境）、不退心（努力不懈）、護法心（保持恆心依法修行）、迴向心（以善根迴向菩提）、戒心（安住淨戒，心無妄念）、願心（隨其所願，化導眾生）。

十住的「住」是指心靈安住於真實的空理、入住於諸佛的境地。十住是：發心住（以真方便，發菩提心）、治地住（對治煩惱，令心地明淨）、修行住（遊履十方，遍行無礙）、生貴住（受佛氣分，成如來種）、方便具足住（自利利他，方便具足）、正心住（心與佛同，唯得其正）、不退住（功德、身

心增長不退)、童真住（具足佛之十身靈相，如童貞之可貴）、法王子住（長養聖胎，堪作法王之子）、灌頂住（受職為佛子，佛以智水灌頂，藉表成人）。

十行是專修利他的階位，又叫做「十長養」：歡喜行（喜心布施，亦令他喜）、饒益行（饒益眾生，使得法利）、無瞋恨行（等視眾生，離瞋恨心）、無盡行（廣修善法，利他無盡）、離癡亂行（常修三昧，捨離癡亂）、善現行（能現諸相，同異圓融）、無著行（以無著心，起諸所行）、尊重行（六度之中，特尊般若）、善法行（成就各種化他善法）、真實行（言行相應，妙契真如）。十行主要是修利他度眾之行。

十迴向是把自己修行所得的功德迴向給眾生，計有十種：救護一切眾生離眾生相迴向（化度眾生，不執外相，心向涅槃，安住菩提）、不壞迴向（正顯中道，歸趣本覺，無能壞者，令獲善利）、等一切諸佛迴向（效法諸佛所作迴向）、至一切處迴向（所修善根迴向一切處所）、無盡功德藏迴向（自性功德，重重無盡）、入一切平等善根迴向（以所修善根迴向守護一切堅固善根）、隨順一切眾生迴向（增長善根，利益一切眾生）、真如相迴向（即一切法，離一切相，緣生無性，體即真如）、無縛無著解脫迴向（於一切法，心無執縛，了無掛礙，得大解脫）、入法界無量迴向（性海圓成，十方法界，含攝周遍，量等虛空）。十迴向主要是修救度眾生之行，以所修功德迴施於一切眾生。

十地在《華嚴經》裡是指菩薩修行的十層果位，亦即菩

薩乘十地：

第一歡喜地　菩薩發願時，即證入歡喜地。這個層級有許多歡喜愉悅之事，例如想到了諸佛，心裡就會生起歡喜。在歡喜地的狀態中，可以遠離所有恐懼怖畏，更可以根據自己的心願廣修菩薩行，成就一切佛法。

第二離垢地　這是說修行到捨離貪欲、清淨無染的狀態，主要是遠離種種不善之事，精持戒律。臻入此地的菩薩能夠成為大法王，具足七寶（金、銀、琉璃、硨磲、瑪瑙、琥珀、珊瑚——《般若經》等主張），能夠做許多利益眾生的事。

第三發光地　這是說發起慧光，照見世間一切苦惱，因而對眾生生起哀憐之心，對佛法更為精進不懈。住於發光地的菩薩已捨離了一切不善法，心靈依隨慈悲，得無量神通。

第四焰慧地　意指菩薩的智慧更為廣大明亮，能夠觀察身內、身外所有現象。住於焰慧地的菩薩可以看到千百億佛；自身常作須夜摩天王。

第五難勝地　難勝地菩薩得不退轉心，智慧更為廣大，真實了知有為法的虛妄，對追逐虛妄的眾生發起大悲心，極積對治眾生的種種愚癡。

第六現前地　現前地菩薩能夠了悟愚癡是由無明而來，由此又可以觀察從無明至生死流轉的發生過程。

第七遠行地　菩薩住於遠行地可以得十種波羅密（布施波羅密、持戒波羅密、忍辱波羅密、精進波羅密、禪定波羅密、般若波羅密、方便波羅密、願波羅密、力波羅密、智波

羅密），具足菩薩行。前六地都在追求清淨境界，從第七地開始，便可以遊於汙染世界與清淨世界。《華嚴經·十地品》記載：修行到這一地的菩薩，雖然具備了高深的智慧卻常能示現小乘修行的情狀。

第八不動地　菩薩修行到不動地時便完全達到無為狀態，猶如夢醒一般，再也沒有虛妄的追求。自第六地開始，菩薩隨時都可以入滅盡定（以滅受想二心所為主，最後六識心所皆滅的禪定），但因掛念眾生，故均不入根本寂滅的境界。第八地菩薩再也不會減退智慧，所以又叫做不退轉地。

第九善慧地　住於此地的菩薩智慧明朗，可以如實觀照各種「法」的行相和「業」的行相。善慧地菩薩已經成為大法師，可以隨意說法、示現神通度化眾生。

第十法雲地　住於此地的菩薩已經成就大法智，具足無量功德，法身如虛空，智慧如大雲，進入了佛的境界。十地菩薩的特徵是可以圓滿超脫時空，也可以隨意出入世間和出世間。

《華嚴經·十地品》說十地修習的主要內容依次為施、戒、忍、精進、禪定、般若、方便、願、力、智等十波羅密，並說十地所證功德。這種層層進益、廣博宏大的境界是其他宗教所沒有描述的。就此而言，佛教堪稱是最具解脫氣質的宗教。

第九節　華藏世界

　　華藏世界全名「蓮華藏世界」、「華藏莊嚴世界海」，是毗盧遮那佛所居之處，因其含藏於蓮花之中，故名華藏世界。「此華藏莊嚴世界海，是毗盧遮那如來，往昔於世界海微塵數劫修菩薩行時，一一劫中，親近世界海微塵數佛；一一佛所，淨修世界海微塵數大願之所嚴淨」（《八十華嚴·華藏世界品》）。這個世界是毗盧遮那如來歷劫修行所獲得的成果。

　　華藏世界的結構大體是：「有須彌山微塵數風輪所持」（同上），這無數風輪分為十層，最上層風輪「名殊勝威光藏，能持普光摩尼莊嚴香水海。此香水海有大蓮華，名種種光明藥香幢華藏莊嚴世界海」（同上）。殊勝威光藏這層風輪的上面是普光摩尼莊嚴香水海，在此海中有一朵大蓮花，名叫光明藥香幢，裡面包藏了難以數計的世界，所以稱之為「華藏莊嚴世界海」。華藏世界的四方是由金剛輪山周匝圍繞的，山的內部「四方均平，清淨堅固」，「地海眾樹，各有區別」（同上）。大輪圍山也聳立在蓮花之上，山本身由諸種寶物構成，「一切香水流注其間，眾寶為林，妙華開敷；香草布地，明珠間飾；種種香華，處處盈海；摩尼為網，周匝垂覆」（同上）。實在是一座美不勝收的寶山。

　　《華嚴經》又描述了華藏世界的各種奇妙情景。首先，華藏世界是由金剛所構成的，堅固莊嚴，不易毀壞。其次，

華藏世界的大地清淨無垢，平坦寬廣，既無高低起伏，亦無坑坑洞洞。再者，各種寶藏井然有序地遍布在華藏世界各處。大地散布著珍寶，四處開滿著蓮花，各種摩尼妙寶置於香料之中，寶物交相輝映，如雲霞遍布。重要的是，華藏世界包容一切淨土佛國，「普現如來所有境界，如天帝網於中布列」（《八十華嚴·華藏世界品》），摩尼珠織成的珠網，映現出如來的一切智慧。

　　華藏世界又遍布著數不清的香水海，在各個香水海裡，有無數的世界安立其中。「彼諸世界種，於世界海中，各各依住，各各形狀，各各體性，各各方所，各各趣入，各各莊嚴，各各分齊，各各行列，各各無差別，各各力加持」（同上）。這是說華藏世界裡的事物，有的依住於大蓮花海上，有些依住於香水海上；有的像須彌山，有的呈現樹木形態；有的以雲霞為主，有的以聲光為主。重點是在宣揚華藏世界中的一切事物，既互不相同，各有差別，又彼此趣入，圓融無礙。

　　華藏世界總共有二十層，華藏世界最中心的香水海叫做無邊妙華光香水海，海中生長出一朵大蓮花，名叫「一切香摩尼王莊嚴」。蓮花之上，有一個世界稱為「普照十方熾然寶光明」，娑婆世界就在這個系統之中。《華嚴經》把娑婆世界置於華藏世界海的中心，其重要意義是：娑婆世界雖然汙穢，但卻有非凡的地位，娑婆世界是修行的最佳場所，修行一世抵得過淨土一劫。

　　然而，如何照見華藏世界？《華嚴經》指出：由於佛力加

被，菩薩可以在佛光中「得睹蓮華藏莊嚴世界海」(《六十華嚴·盧舍那品》)。最普遍的方法，則是透過修習禪定來觀照，普賢菩薩即是「入一切如來淨藏三昧正受」(同上)而照見華藏世界。當然，在諸佛的禪定中，華藏世界也能呈現出來，所謂「如是一切皆能現，海印三昧威神力」(《八十華嚴·賢首品》)。像平靜的大海能映現宇宙萬象一樣，無限廣闊的華藏世界也能為「海印三昧」所映現。

第十節　入法界即入世間

　　佛法把宇宙和人生，統名之為「世間」，亦即眾生的世界，一般都宣稱：出離世間，上求菩提。「法界」通常被當作無盡差別、無限廣大的世間和出世間的總括。在《華嚴經》中，「法界」是出現頻率最高的名詞之一。

　　《華嚴經》認為「悟入法界，隨順法界」是修習佛法的關鍵，所謂「決意修行無退轉，以此饒益諸群生」(《八十華嚴·十迴向品》)，就是它的實踐綱領。《華嚴經》認為「平等法界一，具是無量義」(《六十華嚴·十行品》)，能夠把握佛教的基本原理，就能了解無量的事相，從而做到「隨順眾生不違意，普令心淨生歡喜」(《八十華嚴·十迴向品》)。深入法界、隨順眾生是《華嚴經》的一貫旨趣，也是菩薩覺悟成佛的途徑，所謂「悉入法界真實性，自然覺悟不由他」(《八十華嚴·十行品》)。

　　那麼，要如何深入法界？《華嚴經》認為必須要有正確的觀念：「不見有少法生，不見有少法滅」（《八十華嚴・十忍品》）、「不見眾生生，不見眾生滅；不見諸法生，不見諸法滅」（同上），捨離生滅等對立的執著，「了知法界平等，無有種種差別」（同上）。就華嚴的圓融境界而言，宇宙萬法平等一如，並無各種差別對待，修行者應該體悟「佛法不異世間法，世間法不異佛法；佛法、世間法，無有雜亂，亦無差別」（《八十華嚴・十行品》）。佛法與世間法相即相入，圓融無礙，因此，入法界與入世間並無差異，入法界即是入世間。

　　由《華嚴經・入法界品》得知：善財童子所參訪的善知識，既有大天、地神，還有文殊、普賢、彌勒三位大菩薩。除此之外，其他善知識都是處於生死輪迴的凡夫。所以，善財童子進入法界，其實正是走向人間，步入世俗。因此，真實美妙的法界，並非存於世俗之外，而是體現於世俗生活之中。世俗生活也是成佛之路，世間即是法界，世間已包含了一切。所以，要修行必不能捨離世間，要成佛也不能捨離世間。

第六章

華嚴宗的主要義理

謂無自性，
　即空也；
幻相宛然，
　即有也。

　　華嚴宗是隋唐佛教八大宗派之一，也是中國大乘佛學思想體系最完備、最圓融的宗派。華嚴宗是依《華嚴經》而創立的宗派，法藏所謂「因果緣起，理實法界」的華嚴經觀，已充分說明《華嚴經》緣起無我、理實涅槃的思想乃釋迦的根本大法。華嚴思想就是經由緣起無我而呈顯佛陀親證的海印三昧大覺境界，事事無礙正是這種圓融妙境的極致。事實上，最能契合國人圓融心態的，莫過於《華嚴》，華嚴思想正足以彰顯出中國佛學崇高的形上境界，華嚴宗的「法界緣起」等義理，可以說是人類生命智慧中最大的成就之一。以下乃就明辨色空、體會理事、法界緣起、四種法界、六相圓融、十玄無礙、三性同義、因門六義、心造萬法、如來性起等義理，分別敘述華嚴宗的主要思想。

第一節　明辨色空

　　華嚴宗非常重視緣起性空，認為一切事物都由緣而起，亦即由因緣和合而生，例如：金獅子就是以黃金為因，「隨工巧匠緣，遂有獅子相起」（法藏《華嚴金師子章》）。因為是緣起，所以「必無自性」，無自性即是「空」，宇宙萬象只不過是由「一心」所變現出來的幻相而已。為了弘揚萬物皆「空」，唯「心」真實的義理，華嚴宗乃論述「色」與「空」、現象與本體的圓融無礙。

　　法藏說「謂無自性，即空也；幻相宛然，即有也」（《修

華嚴奧旨妄盡還源觀》），華嚴宗以為「空」與「色」是圓融
互攝的，正確的說，「空」不是指「色」不存在的「斷滅空」，
也不是指存在於事物之外的「色外空」。因為「斷滅空」違背
常識，而且又否定真如佛性的真實性；「色外空」反而肯定了
事物的存在性，這都不是真正的「空」義。其實，「空」並不
能捨離「色」而獨立存在，「色」也不能脫離「空」而獨自成
立，「色」與「空」是互相依存、互相融合的，此即所謂「色
即是空」（「色」是緣生，沒有自在的實性，所以說色即是空）、
「空即是色」（「空」是「色」的本質，可以由體起用，所以
說空即是色）。由於「色」不妨礙「空」，「空」不妨礙「色」，
所以「看色無不見空，觀空莫非見色」（杜順《華嚴法界觀門》）。
「看色無不見空」就是由「用」顯「體」，「觀空莫非見色」
就是由「體」起「用」。華嚴宗極力強調「空」與「色」的統
一、「體」與「用」的一如，其理論目的無非是在說明「色」
「空」一體，「色」「空」不二。其宗教目的則在教導眾生「觀
色即空，成大智而不住生死」（法藏《修華嚴奧旨妄盡還源
觀》），意即成就般若智慧，跳脫生死輪迴。以及指引眾生「觀
空即色，成大悲而不住涅槃」（同上），意即成就慈悲心懷，
普遍教化眾生。這是說，由「色」與「空」的圓融無礙而成
就大智與大悲，並且表現為不住生死、不住涅槃的大乘菩薩
精神。

　　「色」與「空」雖然是統一的、圓融的，但兩者之間畢
竟存在著差別與對立。華嚴宗初祖杜順指出：「空」是萬物的

理體，「色」萬物的相狀；作為萬物理體的「空」是萬物相狀
（色）所賴以存在的本性。因此，「空」是「所依」，亦即真
實永恆的本體。「色」是「能依」，亦即虛幻無常的現象。由
此可知，「色」與「空」是對立的、不同的，杜順說：「空是
所依非能依，故不即色」(《華嚴法界觀門》)，「空」與「色」
是有差別的。

　　華嚴宗認為「空」與「色」的差別和對立不但不妨礙它
們之間的統一，而且正是這種統一的必要條件。杜順指出：
由於「空」與「色」是有差別的，以及是對立的，所以二者
才能是統一的、融通的，所以說：「由不即色，故即色也」(同
上)，因為「所依」(空)只有不同於「能依」(色)，才能成
為「能依」的「所依」，構成「能依」的本質。事實上，「色」
成於「空」，「空」成於「色」，法藏也說：色與空「乃相成而
非相破也」(《華嚴一乘教義分齊章》卷四)，「色」與「空」
交互相映，彼此相成。所以說：「空是不礙有之空，即空而常
有；有是不礙空之有，即有而常空」(杜順《華嚴五教止觀》)，
「色」與「空」交相輝映，圓融無礙。

第二節　體會理事

　　「事」就是眾多差別的事相，「理」就是平等無差的理體。
華嚴宗認為「理」與「事」也有對立的層面和統一的層面。
　　就「理」與「事」的對立層面而言，它表現為以下二點：

　　第一、真理非事、事法非理。這是說，個別事物與其中所包含的真理是不同的。「以真妄異故、實非虛故、所依非能依故」（杜順《華嚴法界觀門》），因為「理」是真實的，「事」是虛妄的；「理」是所依的理體，「事」是能依的事相。「理」與「事」的不同，正如「即波之水非波，以動溼異故」（同上），好像作為溼性的「水」，不同於作為動相的「波」一樣。

　　第二、以理奪事、事能隱理。這是說，「理」可以含攝「事」，「事」能夠遮蓋「理」。由於凡「事」都包含在同一理體之中，沒有捨離這個理體的「事」，「離真理外，無片事可得」（同上），因此「遂令事相皆盡，唯一真理平等顯現」（同上），從本質上看，一切事物的相狀都消解了，這樣一來便彰顯了絕對的真理，「如水奪波，波無不盡」（同上），正像大波和小波同樣都是水一樣，所以說「理」可以含攝「事」。由於理體隨緣而變現出各種事物，就事物的差別相狀來看，它們與無形的理體並不相同，而理體也隱沒於眾多的事相之中，所以說「事」能夠掩蓋「理」。

　　就「理」與「事」的統一層面而言，它表現為以下三點：

　　第一、真理即事、事法即理。這是說「凡是真理，必非事外」（杜順《華嚴法界觀門》），好像水不在波之外一樣，所以說「真理即事」。事物都是由緣而生的，所以沒有自性，沒有自性即是「空」。宇宙萬物都是真如理體的呈顯，不能捨離理體而獨立存在，好像「波」離不開「水」一樣，所以說「事法即理」。

　　第二、依理成事、事能顯理。由於事物依緣而生，沒有
自性，必須依託理體才能成立，所謂「事無別體，要因真理
而得成立」（同上），就像海波要依靠海水才能存在一樣，所
以說「依理成事」。由於「事虛而理實」、「全事中之理，挺然
露現」（同上），好像虛幻的波相能夠顯露真實的水體一樣，
所以說「事能顯理」。

　　第三、理遍於事、事遍於理。因為真理是不可分的，所
以任何一種事物都有真理的全體，而不是真理的部分，因此
可以說：「一一纖塵皆攝無邊真理，無不圓足」（同上），好像
大海之理全在一波之中一樣，這叫做「理遍於事」。由於事物
沒有自性，事物的「理」即是普遍的「理」，所以一事之「理」
完全等同於無限的全體之「理」，好像一波之「理」即是整個
大海之「理」一樣，這叫做「事遍於理」。

　　華嚴宗認為「理」與「事」既對立又統一，既相異、相
斥，又相即、相成。彼此同時存在，互不妨礙。法藏說：「如
塵相圓小是事，塵空無性是理。以事無體，事隨理而融通。
由塵無體，即遍通於一切，由一切事，事不異理，全現塵中」
（《華嚴經義海百門》）。客體事物具有大小方圓的差別，這是
「事」，宇宙萬法由緣而起，沒有恆常自在的實性，這是「理」。
由於客體事物沒有永恆不變的實體，所以它可以和無形無相
的理體融通合一。因為個體事物沒有永恆不變的實體，所以
它能夠普遍融通於一切事物之中。因為一切事相都是由真心
全體所現，所以事相與理體並沒有差異，而真心全體也朗現

於無數事相之中，於是，「理」與「事」便圓融會通起來了。

第三節　法界緣起

　　「法界」一詞是梵語的意譯。「法」是事物，泛指宇宙一切現象，包括世間法和出世間法。「界」是類別，意指分門別類的事物各有其不同的界限。「法界」原指某一類事物，後來則用來指稱一切物質現象和精神現象。就華嚴宗而言，「法界」大約有三種意義：一是指真如、一心、如來藏，亦即眾生本有的佛性，或成佛的因素。二是指宇宙萬物的本性或規定性。三是指具體的事物。

　　華嚴宗的「法界」概念兼容了「理」與「事」，涵蓋了本體與現象兩種意義。華嚴宗把「法界」視作一心、如來藏自性清淨心，認為「心」才是真實的，一切事物都是由「心」所變現出來的，同時又統攝於「心」。而由「心」所變現出來的宇宙萬物，在性質上，仍有不同的類別，華嚴宗四祖澄觀從本體和現象的角度，把「法界」分為四類：事法界、理法界、理事無礙法界、事事無礙法界，合稱「四法界」。

　　「緣起」是指任何事物或一切現象都因各種條件或關係的互相依存而生起。宇宙人生的種種現象都存在於彼此互依的關係中，沒有獨立的自在實體；同樣，也因為關係或條件的變化而分離或消失，誠所謂「此有則彼有，此無則彼無，此生則彼生，此滅則彼滅」（《中阿含經》卷四七），這就是「緣

起」的基本法則。隨著佛教思想的發展，有關萬物生成的問
題，形成了先後不同的緣起說，原始佛教時期有「業感緣起」
說，大乘佛教時期，中觀派主倡「性空緣起」說；瑜伽行派
主張「賴耶緣起」說，《勝鬘經》提出「如來藏緣起」說，《大
乘起信論》提出「真如緣起」說。華嚴宗則提出「法界緣起」
說，從本體即現象、現象即本體的觀點來闡明緣起思想。「法
界緣起」這個命題最初見於杜順《華嚴五教止觀》「若有直見
色等諸法從緣，即是法界緣起也」。這是說，假如直接照見物
質等各種現象隨緣（依他）而起，無所遍計，頓顯圓成，就
是「法界緣起」。

　　智儼說：「今且就此《華嚴》一部經宗，通明法界緣起」
（《華嚴一乘十玄門》），他認為一部《華嚴經》的宗旨即在說
明「法界緣起」。澄觀也認為「此經以法界緣起……為宗也」
（《華嚴經略策》），由此可知，「法界緣起」是《華嚴經》的
核心概念、重要宗旨。澄觀又說：「法界者，是總相也，包理
包事，及無障礙；緣起者，稱體之大用也」（同上）。「法界」
即宇宙萬有的「總相」（本體），「緣起」即產生一切現象的「稱
體大用」。「法界緣起」的中心要旨是：事事無礙，圓融自在。
法藏說：「夫法界緣起，如帝網該羅，若天珠交涉，圓融自在，
無盡難名」（《華嚴經明法品內立三寶章》卷下）。這是說華嚴
宗提倡「法界緣起」的目的，乃在說明宇宙萬物及其相互關
係都是彼此容攝，圓融無礙的。

　　然而，什麼是「法界緣起」？簡單的說，「法界緣起」是

華嚴宗用來闡釋宇宙萬物全由佛性而生起的理論，亦即世間和出世間的一切現象，都由如來藏、佛性隨緣而起，其結果是：各種現象相依相資，互為因果，相即相入，圓融無礙，完全處於重重無盡的關係之中，這種關係就像帝釋宮殿裡懸掛的網珠，光光互涉，交相輝映一樣。

　　法界緣起還主張世間和出世間的一切現象都由「一心」所生起，「一心」亦稱為「如來藏」或「如來藏自性清淨心」，世間和出世間的一切現象都由「一心」而顯現出來。八十卷《華嚴經》說：「三界所有，唯是一心」（〈十地品〉）、「心如工畫師，能畫諸世間」（〈夜摩宮中偈讚品〉）；六十卷《華嚴經·十地品》更說：「心造諸如來」。欲界、色界、無色界，甚至諸佛境界都出自於「一心」。法藏認為：「塵是心緣，心為塵因，因緣和合，幻相方生」、「塵相虛無，從心所生」（《華嚴經義海百門》），又說：「離心之外，更無一法。縱見內外，但是自心所現，無別內外」（同上）。宗密也說：「總該萬有，即是一心」（《註華嚴法界觀門》）。這已經把宇宙萬物都歸結為「一心」了。不論「塵相」或「幻想」都由「一心」所現。

　　華嚴宗認為「心」的作用廣大無邊，它可以包容大大小小的空間，法藏說：「見高廣之時，自是心現作大，非別有大；今見塵圓小之時，亦自是心現作小，非別有小」（《華嚴經義海百門》）。此外，「心」又可以包容無窮無盡的時間，法藏說：「由一念無體，即通大劫；大劫無體，即該一念。……乃至遠近世界、佛及眾生、三世一切事物，莫不皆於一念中現」

（同上）。「一心」可以想像無限的空間、無盡的時間。宇宙萬物無不是由「一心」所現，由「一心」所顯的現象，無不處在多重普遍的關係中，彼此相互區別，又互為存在及活動的條件，其中任何一種現象產生變化，都會影響到其他每一現象和整體現象，因此，法界緣起又叫做「無盡緣起」。

「法界緣起」說有兩個要點：㈠世間和出世間的一切現象都由「一心」隨緣生起，捨離「一心」，更無別物。㈡在「一心」的作用下，本體（理）和現象（事），以及現象與現象（事與事）無不處在圓融無礙、重重無盡的關係中。法藏在《華嚴一乘教義分齊章》卷四，把華嚴宗的義理歸結為：三性一際、因門六義、十玄緣起、六相圓融。前兩者是說明「法界緣起」的根據；後兩者則是論述「法界緣起」的內容。

第四節　三性一際

「三性」是指《攝大乘論》等所說：遍計所執性、依他起性、圓成實性。宇宙萬物依隨各種條件而生起，這叫做「依他起性」；把依他而起的妄相差別，執著為實我、實法，就叫做「遍計所執性」；捨離名言概念、透顯真如實相，就稱為「圓成實性」。

「三性一際」意謂從本、末兩方面來觀察「遍計所執性」、「依他起性」、「圓成實性」，這「三性」互相交徹而同一無異，唯是一理。法藏說：「三性一際，舉一全收，真妄互融，性無

障礙」(《華嚴一乘教義分齊章》卷四)。圓成實性、依他起性、遍計所執性互相融協，沒有什麼差別，在其中任何一性上都能把握整個三性；真如本體和染淨萬物彼此融攝，共成一大緣起，互不妨礙。法藏並且論證說，圓成實性的「不變」義、依他起性的「無性」義、遍計所執性的「理無」義，都是從不壞「末有」(現象事物)來講真如本體。此外，圓成實性的「隨緣」義、依他起性的「似有」義、遍計所執性的「情有」義，都是從不變的真如本體來講「末有」，實際上，三性的每兩方面都沒有差異，只是從不同角度對同一真如的遮詮或表詮而已，「一心」的事理、真妄原本就圓融無礙。三性一際是華嚴宗「法界緣起」說關於萬法性質的要義，法藏說：

> 真（圓成實）中二義者：一不變義，二隨緣義；依他二義二者：一似有義，二無性義；所執中二義者：一情有義，二理無義（《華嚴一乘教義分齊章》卷四）。

真實不改、永恆不動，叫做「不變義」。

隨順各種條件而變現出汙染或清淨的事物，叫做「隨緣義」。

依賴各種條件而產生的許多汙染或清淨的事物都是一種暫時性的存在，叫做「似有義」。

各種染淨事物皆是由緣而起，並沒有永恆不變的自在實體，本質上都是「空」，叫做「無性義」。

常人誤認各種染淨事物、各種虛幻妄相都是真實不假的，這種以假為真、以幻為實，就叫做「情有義」。

各種染淨事物全是由緣而生，都沒有永恆自在、真實不變的實體，這叫做「理無義」。

法藏由「不變」、「無性」和「理無」三義的同一，而提倡「本三性」的無異義；又由「隨緣」、「似有」、「情有」三義的同一，而倡導「末三性」的無異義。「本三性」是表示一切事物和所有現象就是真如本體，「末三性」是表示真如本體就是一切事物和所有現象，「本三性」和「末三性」是相即一體的。法藏又說：

> 真中不變、依他無性、所執理無，由此三義故，三性一際，同無異也。此則不壞末而常本也。……又約真如隨緣、依他似有、所執情有，由此三義，亦無異也。此則不動本而常末也（同上）。

由圓成實性的「不變」，依他起性的「無性」，遍計所執性的「理無」等三種意義，得知三性是一致的，彼此並沒有什麼不同。這是由不否定現象事物來彰顯真如本體。其次，由圓成實性的「隨緣」，依他起性的「似有」，遍計所執性的「情有」等三種意義，得知三性也沒有什麼不同。這是說真如本體永恆不變而不斷產生一切現象事物。

法藏認為不變、無性、理無「本三性」的三性同義，並

無差別，它們並沒有藉否定染淨事相，來說明真如本體，所以才說：三性一際，同而無異。另外，隨緣、似有、情有「末三性」則是就永恆不變的真如本體，來說明染淨事相，亦即由真如本體隨緣變現出來的現象事物，也是同一無異的。經由對三性六義的說明，法藏提出結論：「真該妄末，妄徹真源」、「性相融通，無障無礙」（《華嚴一乘教義分齊章》卷四）。意思是說，真如本體含攝一切虛妄的事相，虛妄的事相則以真如本體為根源，而圓成實性與遍計所執性也是融通無礙的、彼此相貫的。法藏運用「本」「末」概念來貫通三性的不一不異的關係，提出三性一際的觀點，構成了「法界緣起」說的理論根據。

第五節　因門六義

　　因門六義全稱「緣起因門六義」，為華嚴宗對因緣義理的一種發揮。主要是以四緣（因緣、次第緣、所緣緣、增上緣）中的「因緣」（必然產生自己果報的根本原因）為主，按其「體」之有與空，「用」之有力與無力，其他三緣的有待與無待，分為六個方面，說明「因」在生起宇宙萬物中的複雜關係。法藏說：

　　　　一切因皆有六義：一、空有力不待緣，二、空有力待緣，三、空無力待緣，四、有有力不待緣，五、有有

力待緣，六、有無力待緣（《華嚴一乘教義分齊章》卷四）。

　　第一種意義：體空、有力、不待緣。宇宙現象剎那間就壞滅，這已證明沒有永恆真實的自在實體，所以本質上是「空」；由於原因的消失而結果得以產生，這叫做「有力」；這種原因的消失及其結果的產生，不需要借助其他條件，叫做「不待緣」。

　　第二種意義：體空、有力、待緣。原因是與結果同時存在，它才能存在，這已證明原因不是真實的存在，所以本質上是「空」；由於原因與結果同時存在，才能產生結果，這叫做「有力」；和結果同時並存，就已證明原因並非獨自發揮產生結果的作用，其中必定有賴其他條件，這叫做「待緣」。

　　第三種意義：體空、無力、待緣。作為原因的事物本身並沒有實體，本質上是「空」；原因不能獨自產生結果，必須借助其他條件的作用才能引生結果，這叫做「無力」；根據同樣的理由，賴緣而生，所以叫做「待緣」。

　　第四種意義：體有、有力、不待緣。由於引生結果並沒有改變自身的性質，所以是「有」；不改變自身的性質，而具有引生結果的全部作用，這叫做「有力」；不改變自身的性質不是由於其他條件的作用，這叫做「不待緣」。

　　第五種意義：體有、有力、待緣。能夠引生與自身性質相同的結果，其原因就是「有」；雖然需要借助其他條件的作

用才能導致結果的產生，但沒有產生與其他條件性質相同的結果，這叫做「有力」；同樣是由於這個緣故，亦即根據同樣的道理，所以也是「待緣」。

第六種意義：體有、無力、待緣。由於原因隨順結果而轉動，它不可能是無，而是「有」；不能逆轉其他條件的作用趨勢，所以不具有產生結果的作用，這叫做「無力」；同樣是由於這個緣故，所以叫做「待緣」。

「因」所具有的六種意義，或在與「緣」聚集所產生的現象中的六種不同關係、作用、表現，反映出「法界緣起」中各種關係的相即相入、互相滲透、圓融無礙。由空、有義，乃有「相即門」（由自性空故，能緣起萬法，故「空」「有」相即不離）；由有力、無力義，乃有「相入門」（有力能攝無力，故入於無力）；由待緣、不待緣義，乃有「同體異體門」（不待緣故同體，待緣故異體）。由此而演繹出毛孔融攝剎海等事事無礙法界。

第六節　四種法界

華嚴宗把一切現象的義理概括四個層次，稱為四種法界。四種法界最後歸為「一真法界」（唯一真實的法界，亦即佛界），或者被「一心」所含攝。宗密說：「統唯一真法界，謂總該萬有，即是一心，然心融萬有，便成四種法界」（《註華嚴法界觀門》），他認為被「一心」所融攝的宇宙萬物的存在有四種

情形，亦即四種法界。四種法界的名稱是：

一、事法界：界是分義，一一差別，有分齊故。

二、理法界：界是性義，無盡事法，同一性故。

三、理事無礙法界：具性、分義，性分無礙故。

四、事事無礙法界：一切分齊事法，一一如性融通，
　　重重無盡故（宗密《註華嚴法界觀門》）。

　　一、事法界　這個「界」是分界的意思，事法界即千差萬別的現象。從現象上看，每個事物互相區別，各有各的特性，因為具有差別性，所以不能混淆。

　　二、理法界　這個「界」是體性的意思，理法界是指事物的共同本質。從本體上看，千差萬別的事物都是同一體性的呈現，因而無窮無盡的事物便具有同一性。

　　三、理事無礙法界　這個「界」兼具體性、分界兩種意義。「理」即本體，「事」即現象。從本體與現象的關係上看，每一事相都顯現了本體，任何事物都有「性」和「分」或「理」和「事」兩個方面，而這兩方面是相結合的。

　　四、事事無礙法界　從各個事物彼此的關係上看，既然每一事物都已顯現同一的本體，那麼事物與事物的相對差別也就泯除了，如此一來，事物與事物便能融通無礙了。

　　「事法界」是指世俗以事物的差別為認識對象，一切有差別的事相，全都統攝於「事法界」之中。「事法界」可以說

是華嚴宗的現象論。「理法界」是指認識到事物的共性，宇宙萬物雖然互有差別，但其體性卻同於一理，也就是無差別的宇宙真理，「理法界」可以說是華嚴宗的本體論。「理事無礙法界」是說明「理」與「事」（即本體與現象）互相融攝，不相妨礙。法藏說：「一一事中，理皆全遍。……是故一一纖塵攝無邊真理，無不圓足」（《華嚴發菩提心章》），這是說「理遍於事」。法藏又說：「以事無體，還如理故。是故一塵不壞而遍法界」（同上），這是說「事遍於理」。「理」與「事」除了有相遍的關係外，還有相成、相奪、相即、相非等關係（參閱第五章第二節）。瞭解「理」與「事」的五種關係後，進而可以明白所謂「理事無礙」是指「理」與「事」互不相離，互不相礙，相即相入，圓融無礙。「事事無礙法界」是指事物與事物之間鎔融無礙，互相包含。法藏說：「謂諸事法，與理非異，故隨理而圓遍」（《華嚴發菩提心章》），這是指由「一心」而顯的各種事相與理體並無差異，所以，「事」也依隨「理」，彼此相遍圓融。澄觀說：「若唯約事，則彼此相礙；若唯約理，則無可相礙。今以理融事，事則無礙」（《華嚴法界玄鏡》卷下）。如果只講「事」，則事與事「彼此相礙」，格格不入；如果只講「理」，則唯一理體，廓然無物，「無可相礙」。現在「以理融事」，所以事物與事物便可以圓融交滲，一方面泯除對立矛盾，另一方面又重重無盡，這叫做「事事無礙」。

　　華嚴宗把四種法界完全歸於「一心」，認為宇宙萬物都依賴「一心」而得以現起；事事都是「一心」的呈顯。在同「一

心」中，事事都周遍含容，彼此無礙。法藏把這種「事事無
礙」的關係稱為「一即一切，一切即一」(《華嚴經義海百門》)。
絕對唯一的理體顯現為各形各色的事物，這是「一即一切」；
千差萬別的事物的本質卻是同一不二的理體，這是「一切即
一」。由此可以說，任何一個事物都包括一切事物，每一事物
都含攝其他事物，彼此交互涉入，重重無盡。基此，華嚴宗
更進一步主張：諸佛與眾生交融，淨土與穢土容攝，生死即
涅槃，煩惱即菩提，這就是華嚴宗宣說「事事無礙」的主要
用意。

第七節　六相圓融

　　六相圓融也稱為「六相緣起」，是法界緣起的六種相狀。
六相是：總相（即整體）、別相（即部分）、同相（同一
性）、異相（差別性）、成相（相互依存性）、壞相（各自獨立性）。
其中總相與別相，同相與異相，成相與壞相是三對範疇。華
嚴宗用這三對範疇從六個方面說明一切現象雖然各有自身的
性質，但又都可以融會無間，完全沒有差別，所以稱為「六
相圓融」。法藏解釋「六相」如下：

　　　　總相者，一含多德故；別相者，多德非一故，別依止
　　　　總，滿彼總故。同相者，多義不相違，同成一總故；
　　　　異相者，多義相望，各各異故。成相者，由此諸緣起

成故；壞相者，諸義各住自法不移動故（《華嚴一乘教
義分齊章》卷四）。

　　「總相」是指一種緣起事物中包含了多種功能；「別相」
是指一物具有的眾多功能並不一致，「別相」依賴於「總相」，
並且支持「總相」。「同相」是指眾多的功能互不妨礙，而共
同構成一緣起事物的全體；「異相」是指一物的眾多功能互不
相同。「成相」是指依據眾多的功能，形成一緣起事物；「壞
相」是指眾多的功能各自保持自身的特殊作用而不相互和合。
　　事物的全體稱為「總相」，事物的各個部分稱為「別相」。
事物及其各部分都由原因和條件聚合而起稱為「同相」，各個
部分各自獨立存在稱為「異相」。各個部分聚合而構成事物稱
為「成相」，各個部分若不聚合而無法構成事物稱為「壞相」。
法藏舉出金獅子為例解釋說：

　　　　師子是總相，五根差別是別相；共從一緣起是同相，
　　　　眼、耳等不相濫是異相；諸根合會有師子是成相，諸
　　　　根各住自位是壞相（《華嚴金師子章》）。

　　金獅子是一個整體，這是「總相」；金獅子的眼、耳、鼻、
舌、身五種器官各有差別，這是「別相」。共同由各種條件生
起，故有共同性，這是「同相」；眼、耳等器官互不相混，各
具自身的差異性，這是「異相」。眼、耳等器官共同和合而構

成獅子，這是「成相」；眼、耳等器官停留在各自的本位上，無法構成獅子，這是「壞相」。

法藏又用房舍和椽子的關係作比喻來說明「六相」：

> 總即一舍，別即諸緣；同即互不相違，異即諸緣各別；成即諸緣辦果，壞即各住自法（《華嚴一乘教義分齊章》卷四）。

整個房舍叫做「總相」，椽子、磚瓦各種材料叫做「別相」。椽子、磚瓦等共同組成房子這個整體，有同一性，這是「同相」；但椽子、磚瓦等又各有差異，這是「異相」。許多椽子、磚瓦等共同構成一所房子，稱為「成相」；但各個部分作為各自結構來說，都保留自己的特性，而無法構成房舍，稱為「壞相」。

在華嚴宗看來，「六相」是通融為一的。以「總相」與「別相」為例，法藏說，「總相」由「別相」構成，缺少任何一種「別相」，「總相」即不成其為「總相」，因此，「別相」即是「總相」。他以房舍的構成為譬喻，指出「舍」由「椽」構成，舍為「總相」，椽為「別相」。「若離於椽，舍即不成；若得椽時，即得舍矣」（同上），如果捨棄了椽子，那麼就不能構成房舍；如果具備了椽子，那麼就能夠構成房舍。因此，「椽即是舍」，「別相」即是「總相」。根據同樣的論證方法，法藏說：「只由異故，所以同耳」（同上），正因為有分別的緣故，所

以才相同。因此,「異相」即是「同相」。他又說:「只由不作,
故舍法得成;若作舍去,不住自法,有舍義即不成」(同上)。
正因為本原不用作建房,房舍才得以建成;如果已經用於建
構房舍而不保留自身的特性,那麼房舍的意義就不能成立。
因此,「壞相」即是「成相」。法藏把「總相」與「別相」、「同
相」與「異相」、「成相」與「壞相」相融為一。

「六相」中,總別、同異、成壞各為一對,總相、同相、
成相三相是指整體或全體;別相、異相、壞相三相是指部分
或個別。現象界每一事物都是總相和別相,同相和異相,成
相和壞相的統一。所有由緣而起的現象都具足六相,也都具
足共同性、差異性和關聯性。六相同時具足,融通無礙,稱
為「六相圓融」。法藏說:「一切緣起法,不成則已,成則相
即鎔融,無礙自在,圓極難思」(《華嚴一乘教義分齊章》卷
四)。華嚴宗宣說「六相」中相互對立的兩個方面都是互相依
存、互相交滲的,並且從總別、同異、成壞三方面來看待一
切事物,瞭解到每一事物都處於「總別相即」、「同異相即」、
「成壞相即」的圓融狀態,其目的乃是「為顯一乘圓教,法
界緣起,無盡圓融,自在相即,無礙鎔融」(同上)。

第八節　十玄緣起

十玄門又稱十玄緣起,主要在闡明佛教的各種法門彼此
都是互相關聯、互相攝入而又周遍含融的。是「四法界」中

「事事無礙法界」所含義理的表述，可以說是華嚴宗「法界
緣起」論的精義。由於它要求在觀察一切事物時，把所有現
象都看作是圓融無間的，所以又被稱為「十玄無礙」。「十玄
門」首創於智儼，其說稱「古十玄」；後來法藏予以改善，稱
為「新十玄」。新舊二說的內容基本一致，僅次第略有不同。
然而，法藏「十玄門」的名稱、次第，曾先後發生過變化。
直到澄觀《大方廣佛華嚴經疏》出現，法藏的「十玄門」才
被定型，而澄觀所判定法藏的「十玄門」，其名目、次第完全
等同於法藏《華嚴經探玄記》的「十玄門」。茲將法藏《華嚴
一乘教義分齊章》（即《華嚴五教章》）、《華嚴經旨歸》、《華
嚴經探玄記》的「十玄門」條列對比於下表：

《華嚴五教章》 的十玄門	《華嚴經旨歸》 的十無礙	《華嚴經探玄記》 的十玄門
同時具足相應門	性相無礙	同時具足相應門
一多相容不同門	廣狹無礙	廣狹自在無礙門
諸法相即自在門	一多無礙	一多相容不同門
因陀羅網境界門	相入無礙	諸法相即自在門
微細相容安立門	相是無礙	隱密顯了俱成門
祕密隱顯俱成門	隱顯無礙	微細相容安立門
諸藏純雜具德門	微細無礙	因陀羅網境界門
十世隔法異成門	帝網無礙	託事顯法生解門
唯心迴轉善成門	十世無礙	十世隔法異成門
託事顯法生解門	主伴無礙	主伴圓明具德門

　　澄觀把法藏的「十玄門」歸納在自己的「四法界」中的「事事無礙法界」，他說：「第四，周遍含容，即事事無礙。且依古德，顯十玄門」(《大方廣佛華嚴經疏》卷二)，由此便結束了「十玄門」的演變進程。法藏「新十玄」的涵義如下：

　　一、同時具足相應門　指佛法是一個整體，雖然分成許多不同法門，但是彼此相應，共成一大緣起。「同時具足」是指：一切事物同時存在，不分先後，無大無小，不管多少，不辨廣狹，毫無欠缺，圓滿自在。這是「十玄緣起」的總法門，以下九門即圍繞此門而展開。

　　二、廣狹自在無礙門　一切事物，固守自法，不壞本位，這叫做「狹」；某一事物緣起他法，乃至萬法，這叫做「廣」。任何事物都兼具「廣」「狹」兩層涵義，兩義圓融自在，互不妨礙。換言之，每一法門既包含所有教理，又保持自身的特性，自在無礙。

　　三、一多相容不同門　「一」入於「多」，「多」入於「一」，名為「相容」；「體」無先後而不失「一」「多」之相，稱為「不同」。因為諸法皆以真如為理體，所以既能相容無礙又不失自相。換言之，各種法門雖然彼此有別，但是任何一種法門都能包容其他法門。

　　四、諸法相即自在門　「相即」就是泯除自身的差別而同於對方，「自在」就是保有自身的存在。宇宙萬物既可泯滅自己的差別而同於他物，又可以保有自己的存在。任何事物都可以普遍攝入其他事物，被一物攝入的其他事物又相互攝

入。換言之，各種法門互相依存，圓融自在。

五、隱密顯了俱成門　「隱」即隱沒，「顯」即顯現。當一法入於一切法時，則一法「隱」而一切法「顯」；相反的，當一切法入於一法時，則一切法「隱」而一法「顯」；「隱」與「顯」互相扶助，同時成就事物。換言之，各種法門或者隱沒，或者顯現，也都俱時成就佛果。

六、微細相容安立門　「微細」是細微之物，「相容」即互相含容，「安立」乃指不同的事物依然保有自己的形態。事物雖然各有差別，但是即使極其細微的事物也能包含一切事物；所有事物，即便細如微塵，也都保持自身的形態，相容並立，互不妨礙，而且可以同時湧現。

七、因陀羅網境界門　「因陀羅」即帝釋天，「因陀羅網」即帝釋天宮殿所懸掛的珠網，在這個珠網裡，珠珠各自呈現一切珠影，這是一重影現。其次，一珠所呈現的一切珠影，又各自呈現其他一切珠影，這是二重影現，如此交互涉入，彼此映照，每一珠影都呈現了一切珠影的相狀，以至於無窮無盡。這個譬喻說明了：一種事物不但包含一切事物，而且還包含了其他事物中所包含的一切事物，而其他任何事物中所包含的一切事物，也各自包含一切事物。這個譬喻也說明了：宇宙萬物彼此包含、交互映現，融成一體的境界。

八、託事顯法生解門　隨託一事便可以彰顯一切事法皆互為緣起。亦即借助淺近的事法，以便透顯深妙的義理，令人生起信解，而所託之事，所顯之理也是圓融自在，沒有差

別的。例如：觀察一花一葉，便能豁顯無盡的佛法，並且讓人產生真正的理解，了悟「法界緣起」的道理。

九、十世隔法異成門　「世」乃指過去、現在、未來三世。三世之中又各有過去、現在、未來，這樣便成九世，九世之間雖然相隔有別，但是卻同為一念所成，九世與一念合稱「十世」，十世互相有別，又相由成立。相隔十世的不同事物可以同時成就於一念，而且彼此映現，圓融無礙。

十、主伴圓明具德門　宇宙萬象為一大緣起，舉其一為主，連帶所緣為伴；亦即某一事物生起，必有其他事物伴隨而生，形成「主」「伴」的關係。「主」「伴」相依無礙，交互含攝，這叫做「圓明」；各種事物都自得其所，這叫做「具德」。任何一種現象都圓滿具足一切現象的功德，所以稱為「圓明具德」。

十玄門以相即相入的思想為核心，闡發佛教各種法門的統一性與包容性。十玄門名相眾多，義理精深，主要是描述事物錯綜複雜的關係，說明由緣而起的事物都是互相包容、互相依存，以及相即相入，圓融無礙的。華嚴宗認為佛教的教義、理事、解行、因果等諸法，乃至法界任何事物都具足十玄義理。法藏認為「此十門同一緣起，無礙圓融，隨為一門，即具一切」（《華嚴經探玄記》卷一）、「隨一門中，即攝餘門，無不皆盡」（《華嚴一乘教義分齊章》卷四），「十門」之中，門門都可以含攝其他任何一門。華嚴宗認為時間、空間、隱顯、理事等全由「一心」所現，因此能夠隨心迴轉，

自在無礙，這就是十玄緣起的哲理義蘊。

第九節　心造萬法

　　大乘佛教經典中特具唯心思想的是《華嚴經》，整部《華嚴經》都是在描述釋迦心中所呈現的境界，特別彰顯了釋迦的心就是眾生的心，眾生的心即是釋迦的心；亦即所謂「心佛及眾生，是三無差別」（晉譯六十卷《華嚴經·十地品》）。《華嚴經》的根本特質乃是唯心精神，華嚴宗即根據《華嚴經》來奠定其唯心學說的基礎。

　　華嚴宗把宇宙萬法和圓融境界的形成原因歸於「一心」，認為現象事物互為緣起，重重無盡的最終根源唯在「一心」，全是「一心」的展現。法藏主張「心是塵因」，並且宣稱宇宙萬物都由「一心」所造。他說：

　　　　三界所有法，唯是一心造，心外更無一法可得，故曰
　　　　歸心。謂一切分別，但由自心（《修華嚴奧旨妄盡還源
　　　　觀》）。

　　欲界（有淫食二欲的眾生所居住的世界）、色界（無淫食二欲但還有色相的眾生所居住的世界）、無色界（捨離色相但住心於深妙禪定的眾生所居住的世界），稱為「三界」，乃凡夫生死往來的境界。三界中的一切現象都是由「一心」變現

出來的，沒有任何事物可以捨離「一心」而獨立存在。而且所有大小差別的事物，也都是由「一心」顯示出來的，因此說萬法歸於「一心」。法藏說：「知諸法唯心，便捨外塵相，因此息分別，悟平等真如」（同上）。只要了知一切現象唯心所造，便應捨離外在的虛幻妄相，並且息滅妄想分別，即可領悟平等無差的「真如」。法藏又說：「一切法皆唯心現，無別自體，是故大小隨心迴轉」（《華嚴經旨歸》），這是把客觀事物的差異性歸結為「自心」（一心）的不同作用，世間任何事物都是「一心」全體的顯現。

　　華嚴宗四祖澄觀強調宇宙萬物即是「一心」，甚至把「四法界」也歸為「一心」。澄觀的弟子宗密說：「境不自生，由心故現」（《禪源諸詮集都序》卷上之二），客觀的外境不會自己產生，完全是由「一心」所現。又說：

　　　　唯心者，直是真如之心。無為、無相，離諸緣慮分別。
　　　　緣慮分別，亦唯一心（《圓覺經大疏釋義鈔》卷一上）。

　　宗密認為「一心」就是「真如之心」，「一心」無形、無相，捨離緣慮（攀緣、思慮），捨離分別，不能以語言文字來形容或描述。這個「一心」「畢竟平等，無有變異，不可破壞，唯是一心，故名真如」（同上）。「一心」平等無差，永恆不變，不會毀壞，所以叫做「真如」或真心。宗密說：

真心本體，有二種用：一者自性本用，二者隨緣應用。
猶如銅鏡，銅之質是自性體；銅之明是自性用；明所
現影是隨緣用（《中華傳心地禪門師資承襲圖》）。

銅鏡的本質是「自性體」，銅鏡的明澈是「自性用」，銅
鏡明澈可以映現各種影子，這是「隨緣用」。「自性用」和「隨
緣用」都是依於「真心本體」才起作用的。真心本體就是「空
寂之心」、「真性」，宗密說：

空寂之心，靈知不昧。即此空寂之知，是汝真性。任
迷任悟，心本自知（《禪源諸詮集都序》卷上之二）。

空寂之心即是真心、真性，它並非毫無感覺，而是靈知
不昧的。空寂之心原本就是能覺的，稱為本覺真心，「一切有
情皆有本覺真心，……亦名佛性，亦名如來藏」（宗密《原人
論》）。一切有情眾生都有本覺真心，這個本覺真心即是空寂
之心、佛性、如來藏。宗密又說：

覺諸相空，心自無念，念起即覺，覺之即無，修行妙
門，唯在此也（《禪源諸詮集都序》卷上之二）。

只要覺悟現象事物性空不實，妄念也虛幻不真，那麼「本
覺真心」便能皎潔明澈，然而本覺真心或空寂之心又能映現

事物，並且有覺照的功能，它映物而不執於物（覺之即無）。透過覺照事物的「空」性，進而顯現絕對的真心，即可獲得解脫，自在無礙，修行的妙訣，就在這裡。宗密認為本覺真心或空寂之心才是解脫的主體，這非常契合大乘佛學如來藏一系的精神，而且把華嚴宗唯心思想發展到極峰之境。

第十節　性起思想

「性起」是華嚴宗教理的精義，其名稱出自晉譯六十卷《華嚴經·寶王如來性起品》。華嚴宗從佛果境界出發，認為有情無情、世出世間一切諸法，都是如來藏、佛性的現起，也就是「一心」的體性所本具德用的現起，依體起用，故名「性起」。智儼說：

> 性者體（也），起者現在心地耳（《華嚴經搜玄記》卷四下）。

「性」就是覺體，亦即如來藏、佛性；「起」就是現在心地，亦即當下心體的呈顯。宇宙萬物都是由佛性心地所呈現出來的，這就叫做「性起」。智儼又說：

> 性起者，明一乘法界緣起之際，本來究竟，離於修造（《華嚴經內章門等離孔目章》卷四）。

「性起」乃華嚴宗用來闡明「法界緣起」的本際，無非就是覺體、佛性。這個覺體、佛性是究竟真實的、眾生本具的，絕非由外在條件修造而成。智儼認為一切眾生同具如來的覺體或覺性，他說：

> （如來藏）是一切諸佛、菩薩、聲聞、緣覺，乃至六道眾生等體（《華嚴五十要問答》卷下）。

佛性、如來藏是四聖（佛、菩薩、緣覺、聲聞）、六凡（天、人、阿修羅、畜生、餓鬼、地獄），所有眾生的覺體。智儼又說：

> 一切凡聖皆從佛性而得生長（同上）。

四聖、六凡，一切眾生都本具佛性、如來藏。

> 如來藏佛性體，唯是普法，唯是真法，於中無有邪魔得入其中，是故不問邪人正人，俱得真正（同上）。

如來藏、佛性這個覺體普遍內在於一切眾生，是有情眾生的真實主體，不論是邪人或是正人，都圓滿具足這個絕對平等的如來藏、佛性。事實上，宇宙萬法都是由圓明清淨的如來藏、佛性所呈現出來的，因此，「性起」即是體性生起，亦即直接由佛性生起。

法藏繼承並且發展了智儼的觀點，從不改和顯用來解釋「性起」，他說：

> 不改名性，顯用稱起，即如來之性起。又真理名如名性，顯用名起名來，即如來為性起（《華嚴經探玄記》卷一六）。

「不改」是指宇宙萬法的主體不變，不改之性就是佛性、如來之性。「起」是指佛性或如來之性的顯用。「性起」就是如來之性（佛性）的現起。法藏又認為「如」和「性」兩字是代表「真理」，「來」和「起」兩字是表示「顯用」，因此，「性起」即是真理（真如）的顯用。

華嚴宗把從「因位」上談宇宙萬法的生起，稱為「緣起」，把從「果位」上談宇宙萬法的生起，稱為「性起」。「緣起」是因，「性起」是果，「因」「果」相即，「緣起」和「性起」並無不同。只是法藏較為注重「性起」一詞在「果位」方面的意義，他說：

> 若約留惑，而有淨用，亦入性起故。……何以故？是所救故，所斷故，所知故，是故一切無非性起（同上）。

這是說，惑縛、煩惱、迷染都是性起，理由是惑縛有時會被用作救度眾生的媒介。正因為惑縛、煩惱以及迷染也是

菩薩救度、斷除和認知的對象，所以說一切現象無非由佛性生起。法藏把染法，以至於一切法都歸入性起範疇，其所謂「性起」，顯然是指果位性起。

　　總之，華嚴宗的「性起」說是指不必依靠其他各種條件，只須隨順佛性或如來之性就能現起宇宙萬法；雖然有宇宙萬法的生起，其實是不動佛性而起，所以說「起即不起，不起者是性也」（智儼《華嚴經內章門等離孔目章》卷四）。綜而言之，華嚴宗是依據諸佛的果位來宣說「性起」，認為宇宙萬有都是由佛性所起，亦即從諸佛的立場來看眾生，這是由「果」向「因」的法門。其次，「性起」說主張佛境是淨心，性起是隨順佛性而起，也就是說，佛性隨緣則現起千差萬別的事相。另外，「性起」說以佛性生起來說明宇宙萬法的緣起，是為了把九界（地獄、餓鬼、畜生、阿修羅、人、天、聲聞、緣覺、菩薩）眾生引入佛界。

第七章

華嚴宗的修證途徑

圓融相攝門謂一位中即攝一切前後諸位，

是故一一位滿，

皆至佛地。

　　修證是指經由修行而證得佛理和佛果。佛家各派都有其修證的方法，華嚴宗亦不例外，以下試就法界觀、唯識觀、還源觀、斷惑論、佛身論、佛土論，敘述華嚴宗的修證途徑。

第一節　法界觀

　　華嚴宗初祖杜順依《華嚴經》「法界緣起」，著《華嚴法界觀門》所立的觀行法門，稱為「法界觀」，亦即悟入法界真理的觀法。換言之，正修圓融法界無盡緣起的觀法即是「法界觀」。法界觀分為：真空觀、理事無礙觀、周遍含容觀三個層次。華嚴宗四祖澄觀認為法界有：事法界、理法界、理事無礙法界、事事無礙法界四種，觀法也應當有四個層次。但事法界就是宇宙萬法的事相，本身千差萬別，每一事相都可以說是所觀的境相，難以一一陳述。而且「事不獨立故，法界宗中無孤單法故，若獨觀之，即是情計之境，非觀智之境故」（宗密《註華嚴法界觀門》），「事法界」不能獨立存在，它是依理而有的，可不單獨列出，所以才把「事法界」省略，只以後三法界為所觀，而構成三重觀法。亦即真空觀相當於「事法界」，理事無礙觀相當於「理事無礙法界」，周遍含容觀相當於「事事無礙法界」。

　　一、真空觀　此觀依「理法界」而立，即觀照宇宙萬法由緣而起，其性本空，空相亦空，亦即觀照一切事物依緣而生，本性空寂，了不可得，這叫做「真空觀」。其中又有四種

觀法：

㈠會色歸空觀　即觀照一切現象從緣而起，了無自性，所以「色」即是「空」，亦即會一切色法歸於真空。這是從「色」（現象）的角度來說明「色」和「空」的關係。其主旨乃在：破斥斷滅空（和「色」沒有任何關係的「空」）、破斥有實色（事法是真實的存在）。

㈡明空即色觀　闡明真空即是一切色法的本性。「空」並非捨離「色」而獨立存在，凡是真空，必不異色，所以「空」即是「色」。這是從「空」的角度來說明「色」和「空」的關係。

㈢色空無礙觀　觀照色即是空，空即是色。亦即色法全體不異真空，色不盡而空顯。真空全體不異色法，空即色而空不隱。所以顯色不障於空，顯空不障於色。即色可以見空，即空可以見色。兩個方面合起來說，就是色空無礙，色空平等。

㈣泯絕無寄觀　在色空無礙的基礎上，色空兩忘，不寄情於色，也不寄情於空。觀照真空，不可以說即色不即色，也不可以說即空不即空，迥然一體，絕諸對待，無語言可托，無文字可寄。真空的境界，捨離一切言說概念，泯絕無寄，境識雙亡。

二、理事無礙觀　此觀依「理事無礙法界」而立，即觀照宇宙的理體與萬法的事相，互融無礙，交徹圓通。亦即觀照本體之理和現象之事，互相交絡，融攝無礙，這叫做「理事無礙觀」。這種「理」「事」圓融互攝的關係又有十門：

㈠理遍於事門　理體為事相普遍共具的本性，理體遍於

一切事相中，猶如水遍於波一樣。

　　㈡事遍於理門　事相並無實體，所以每一事相都周遍理體，互不妨礙，猶如水波遍具水性一樣。

　　㈢依理成事門　由緣而起的事物空無自性，必依理體才能成立，猶如波因攬水而成動，水性本身並無動相。

　　㈣事能顯理門　由於事相空虛，所以事相中的理體挺然顯露。猶如「波相」空虛能使「水性」顯露一樣。

　　㈤以理奪事門　一切事相皆依理體而成，便可遮事以顯理，因此，只有唯一真理平等顯現。猶如以水言波性，無波不收一樣。

　　㈥事能隱理門　事法有形，理體無相，事法與理體相違，因此，事相即可遮蔽理體，使其不顯。猶如水成波，動顯靜隱一樣。

　　㈦真理即事門　理體不在事相之外，理體本身即是事相。亦即理必不外於事，猶如水即是波，無動而非溼一樣。

　　㈧事法即理門　一切事相皆從緣生，緣生必無自性，因無自性，所以全體即理，猶如波浪全體即是水一樣。

　　㈨真理非事門　理體是真，事相是妄。理雖即事而非事，這是因為「理」「事」互異、真妄有別。猶如即波之水非波，動、溼異故一樣。

　　㈩事法非理門　事是現象，理是本體，「事」與「理」彼此互異，所以全理之事非即是理。猶如全水之波，波恆非水，以動相非溼性故一樣。

　　以上十門，同一緣起，就理觀事，有成、有壞、有即、有離；就事觀理，有顯、有隱、有一、有異。由於「理」「事」無礙，「性」「相」圓融，所以這十門義旨也能逆順自在，無障無礙。

　　三、周遍含容觀　此觀依「事事無礙法界」而立，觀照事相與事相交參自在，遍攝無礙，一即一切，重重無盡。亦即觀照現象事物相資相成，相即相入，彼此融攝，圓融平等。因為事相都依理體而生，空無自性，所以彼此之間能夠互相攝入，圓融無礙，這叫做「周遍含容觀」。「周遍」即一事普遍於他事之中，是指「相入」的關係。「含容」即一事含攝他事於自身之中，是指「相攝」的關係。這種「事」「事」圓融互攝的關係也有十門：

　　㈠理如事門　理體原無分限，但顯現為事相，也就如同事相而有差別、有大小，乃至無量無盡。換言之，理體顯現為事相，事相之外，亦無理體可言。

　　㈡事如理門　事相如同理體一樣周遍圓融。亦即一切事相與理體無異，隨理體而周遍圓融，即使是一粒微塵，也都像理體一樣普遍攝入一切事相之中。

　　㈢事含理事門　由於事相與理體非一，所以一事相能夠廣容一切萬有，一微塵中，也能廣容無邊世界。因此，體現了宇宙萬法周遍含容，圓融無礙的關係。每一事物都有這種含攝的特色。

　　㈣通局無礙門　由於事相與理體非一非異，所以一一事

相不離當處，就能全遍十方一切微塵並且不動一位。一切事相，遠近相即，無障無礙。這是解釋「事如理門」的周遍關係，並且說明事相之間整體和局部的融合關係。

㈤廣狹無礙門　由於事相與理體非一非異，所以不壞一塵而能包容周遍一切，並且廣容十方剎海。一切事相，廣狹相即，圓融無障。這是解釋「事含理事門」的含容關係，並且說明事相之間無限和有限的融合關係。

㈥遍容無礙門　一塵遍於一切事相，還能將一切事相攝入自身之中。換言之，一塵遍於其他事相時，其他事相也遍入自身當中，自他遍容，互攝無礙。這是解釋第四門和第五門兩種融合方式的會通，是以一法為主體，多法為客體，來說明「一」與「多」的圓融關係。

㈦攝入無礙門　入他即是攝他，攝他即是入他，能攝和所攝、能入和所入，彼此交徹，融協無間。亦即「一」「多」相攝相入，圓融無礙。這也是解釋第四門和第五門兩種融合方式的會通，是以多法為主體，一法為客體，來說明「一」與「多」的圓融關係。

㈧交涉無礙門　一法與一切法相攝相入，互不妨礙，以「一」為攝入的主體，「多」為攝入的客體，有「一攝一切、一入一切；一切攝一，一切入一。一攝一法，一入一法；一切攝一切，一切入一切」四個方面。是第六門和第七門的會通，說明主體含攝客體時，同時又被客體融合。

㈨相在無礙門　「相在」是指所攝和所入，彼此俱在。

也有「攝一入一，攝一切入一，攝一入一切，攝一切入一切」四個方面。也是對第六門和第七門的會通。一切和一，「多」和「一」同時交徹，圓融無礙。這是從「多」的立場來說明「一」與「多」的圓融關係。

　　㈩普融無礙門　一切和一，「多」和「一」同時具足前兩重四句，遍融無礙。把第八門和第九門統一起來，就是普融無礙門。這是對第八門和第九門兩種融合方式的會通，也是對前面九重融合方法的總結，是事事無礙的最高層次。

　　上述周遍含容觀十門，是依據澄觀在《華嚴法界玄鏡》所述。但是澄觀在《華嚴疏鈔》等撰述中解釋周遍含容觀時，並沒有列此十門，而以法藏所立的十玄門來替代它。

　　總而言之，華嚴宗認為要達到相即相入、圓融無礙的境界，就必須實踐修行觀門，因而建立法界三觀（真空觀、理事無礙觀、周遍含容觀），透過這種觀法，以便瞭解法界真理，悟入一真法界。

第二節　唯識觀

　　佛教各宗都有其觀法，唯識觀是法相宗的一種觀法。華嚴宗在法界觀的基礎上，把法界歸於「一心」，在對「一心」的闡發過程中，吸取了法相宗的觀點，以窺基的五重唯識觀（遣虛存實識、捨濫留純識、攝末歸本識、隱劣顯勝識、遣相證性識，從空與有，心與境，體與用，王與所，性與相五

個方面說明心識的特徵）為基礎，在華嚴思想體系中進行演繹，形成了華嚴宗的唯識觀。

一、法藏的十重唯識觀

　　華嚴宗三祖法藏在解說《華嚴經·十地品》「三界虛妄，但一心作」時，結合四法界，把窺基的五重唯識觀開展為十重唯識觀（詳見《華嚴經探玄記》卷一三），十重唯識觀是說明萬法唯識的十種層次，具體的內容是：

　　第一、相見俱存唯識觀　主觀的認識能力（見分）和客觀的認識對象（相分），都是「一心」所有，都存在於「一心」之中。觀照「一心」之見分與相分的統一，就是相見俱存唯識觀。

　　第二、攝相歸見唯識觀　相分依賴見分，含攝於見分之中。換言之，相分所現的影像屬於能見的識，客觀對象是主觀心識產生作用的顯現，攝受於「一心」之中，這是攝相歸見唯識觀。

　　第三、攝數歸王唯識觀　「數」是指心所，「王」是指心王（八識）。心所依於心王，是心王所變現，一切事物都是由心王所變現出來的，應歸於心王。這是攝數歸王唯識觀。

　　第四、以末歸本唯識觀　這是對八識作出本、末之分，前七識是末，第八識是本，末識均由本識的功能來顯現，自身並沒有獨立的自體，因此都可以歸攝於本識之中。而且，捨離本識，也就沒有前七識，所以，末識應該歸於本識。這

是以末歸本唯識觀。

第五、攝相歸性唯識觀　八識都是如來藏所顯現的識相，和如來藏相比，八識是「相」，如來藏是「性」。換言之，八識的「相」是由如來藏（真性）隨緣所變現出來的，全都統歸於如來藏，這是攝相歸性唯識觀。

第六、轉真成事唯識觀　如來藏或真如理體隨順因緣而成就事相，顯現八識及其心王、心所、見分、相分等相。如來藏雖有隨緣變現的作用，但不失其自性。這是轉真成事唯識觀。

第七、理事俱融唯識觀　如來藏或真如理體隨順因緣而成就各種事相，然其本性卻是不生不滅的。作為本體的真如與作為現象的事法，相互洽合，混融無礙。這是以「理」「事」無礙說明唯識觀，所以稱為理事俱融唯識觀。

第八、融事相入唯識觀　依「理」成「事」，「事」因「理」起，一切事相都以同一理體為基礎，「事」「事」同理而無自性，因此，事相與事相，或現象與現象之間，都能融通無礙，相入圓融。這是以「事」「事」無礙的相入關係來說明唯識觀，所以稱為融事相入唯識觀。

第九、全事相即唯識觀　事相依賴理體而存在，不是捨離理體而另有事相。理體是絕對唯一的，由理體所緣起的事相彼此之間，在本質上並沒有區別，一事就是一切事，一切事就是一事，事事互為一體，相即無礙。這是以「事」「事」無礙的相即關係來說明唯識觀，所以稱為全事相即唯識觀。

第十、帝網無礙唯識觀 帝釋天宮的因陀羅網懸掛無數明珠，每一明珠都顯現其他一切明珠的影像，因而珠珠交輝，影影重疊。宇宙事物也是如此，一事含攝一切事，一切事中每一事又含攝一切事，互含交參，無窮無盡。這是以事事無礙、相即相入、重重無盡的關係來說明唯識觀，所以稱為帝網無礙唯識觀。

以上十重唯識觀係通過十個層次，由淺至深地說明唯識觀，十重前後呼應，不可或缺。尤其是後面五重乃法藏自己的理事無礙、事事無礙的表達，亦即用圓融無礙來體現唯識觀，使唯識觀染有華嚴學的色彩，也是對窺基五重唯識觀的發展。十重唯識觀也具有華嚴宗五教說的判教意義：前三重為大乘始教的觀法，次四重是大乘終教和大乘頓教的觀法，後三重則是圓教中別教一乘的觀法。總具十重，則是圓教中同教的觀法。

二、澄觀的十重唯心觀

澄觀繼踵法藏的十重唯識觀，但改唯識為一心，而成十重唯心觀，據《華嚴經大疏鈔》卷三十七上，其具體內容是：

第一、假說一心；

第二、相見俱存，故說一心；

第三、攝相歸見，故說一心；

第四、攝數歸王，故說一心；

第五、以末歸本，故說一心；

第六、攝相歸性，故說一心；

第七、性相俱融，故說一心；

第八、融事相入，故說一心；

第九、令事相即，故說一心；

第十、帝網無礙，故說一心。

　　和法藏的觀點相比，澄觀省略了法藏的「轉真成事唯識」，另加「假說一心」，並且把它安置於第一項。刪除「轉真成事唯識」是為了使十重唯識能夠順應四法界的次第。另外就是，既然加入「假說一心」，若要維持十重，必然要刪去其中之一。然而，為什麼要另加「假說一心」？目的是為了五教對辨，以便補充法藏觀法中所欠缺的小乘教。由此可知，澄觀對法藏的十重唯識觀又有新的看法，而且，也把法藏的唯識觀表述為唯心觀。

三、宗密的十重唯心觀

　　宗密以愚法聲聞教、大乘權教、大乘實教、大乘頓教、一乘圓教為本，而開立十種一心，形成了十重唯心觀：

　　第一、愚法聲聞教，假說一心；

　　第二、大乘權教，以異熟賴耶為一心，分為三種：

　　　　㈠相見俱存，故說一心；

　　　　㈡攝相歸見，故說一心；

　　　　㈢攝所歸王，故說一心；

　　第三、大乘實教，以如來藏識為一心，分為二種：

㈠攝前七識歸於藏識，故說一心；

㈡總攝染淨歸如來藏，故說一心；

第四、大乘頓教，泯絕染淨，故說一心；

第五、一乘圓教，總該萬有，即是一心，分為三種：

㈠融事相入，故說一心；

㈡融事相即，故說一心；

㈢帝網無盡，故說一心。

宗密和法藏、澄觀的大旨，無多異趣。不同的是：宗密刪除了澄觀的第七「性相俱融一心」，而改為「泯絕染淨一心」。這一重觀法的意義是：有情眾生的真如本心，本來就沒有染淨的區別，從本質上看，染淨皆空，只有本覺真心的存在；本覺真心捨離染淨，泯絕無寄。他以「泯絕無寄」來標示頓教的一心，使它更接近圓教，這是宗密的新說。

第三節　還源觀

還源觀即妄盡還源觀法，它表現於法藏《修華嚴奧旨妄盡還源觀》一書中。此書論述華嚴宗止觀的體用，以及五止、六觀的修習法要；主張透過修習華嚴的觀法，還歸於一心的本源。法藏把妄盡還源觀分為六門：「一、顯一體；二、起二用；三、示三遍；四、行四德；五、入五止；六、起六觀」（《修華嚴奧旨妄盡還源觀》）。

第一門：顯一體　即顯示一切眾生都有清淨圓明的心體。

第二門：起二用　即從清淨圓明的心體生起二種妙用，一是「海印森羅常住用」，一是「法界圓明自在用」，前者為如來境界，後者為菩薩境界。

第三門：示三遍　即上述「海印森羅常住用」和「法界圓明自在用」，能示現一一事物都周遍法界。周遍共有三種：一是「一塵普周法界遍」（一塵隨順真如而周遍法界）、一是「一塵出生無盡遍」（一一事相，互相容攝，各具重重無盡境界）、一是「一塵含容空有遍」（一塵同時含容真空與妙有二義，而成圓融無礙境界）。

第四門：行四德　即依據上述一塵能遍的境界而修持四德：「隨緣妙用無方德」、「威儀住持有則德」、「柔和質直攝生德」、「普代眾生受苦德」；由修持四種德行而成就觀法。

第五門：入五止　即依上述四德而修習五種止寂，令心不動。其內容是：

一、照法清虛離緣止　觀照真如法體清淨虛寂，捨離因緣，泯絕無寄。

二、觀人寂怕絕欲止　觀照五蘊假合之身寂然淡泊，棄絕欲望，一無所求。

三、性起繁興法爾止　觀照真如理體隨緣生起千差萬別的事相，亙古不變。

四、定光顯現無念止　觀照真如佛性遠近齊照，分明呈顯，雖現妙用，卻無念慮。

五、理事玄通非相止　觀照無形的理體與虛幻的事相，

互隱互顯，互存互奪，相輔相成，圓融無礙。

第六門：起六觀　即依前五止，而生起六觀：

一、攝境歸心真空觀　即觀照外境空寂，依心而有，止息一切分別，體悟諸法平等真空。

二、從心現境妙有觀　即觀照真如理體現起各種現象事物，不失其靈妙作用。

三、心境祕密圓融觀　即觀照主觀之心與客觀之境，或如來報身和所依淨土，彼此圓融，會通無礙。

四、智身影現眾緣觀　即觀照佛身所具的妙智能明鑒眾緣、顯現眾緣。

五、多身入一鏡像觀　即觀照毗盧遮那佛或以多身入於一身，或以一身入於多身，猶如明鏡顯像，了無障礙。

六、主伴互現帝網觀　某一事物生起必有其他事物伴隨而生，形成「主」「伴」的關係。主伴之分不是絕對的，而是相依互現的，猶如帝釋天宮所懸的珠網，珠光交映，重重無盡一樣。

法藏的妄盡還源觀是以「顯一體」為始，「起六觀」為終。由始至終，門門相扣，其中「行四德」是觀法的道德基礎，「入五止」與「起六觀」是觀法的中心，尤以「起六觀」最為重要。六觀實質上是一體的呈現，華嚴宗的觀法，旨在掃盡迷妄，還歸心源，這正是華嚴宗修觀的終極目標。

第四節　斷惑論

　　斷惑即斷除妄惑。佛家的生命趣向乃在斷惑證真，亦即斷除妄惑，證悟真如。因為佛教義理紛繁，所以其斷惑的論點也莫衷一是。關於妄惑，可以分為見惑、思惑、塵沙惑、無明惑。

　　見惑是指因虛妄分別各種道理而產生的迷惑。

　　思惑是指三界煩惱中，心識面對外境時所產生的貪、瞋、癡等，因為是由心識發起活動而產生的迷惑，所以稱為思惑。

　　塵沙惑是指執著於「空」義，執迷於三界外多如塵沙的法門，主要指尚未通達度化眾生的種種方便。

　　無明惑是專指障蔽真如佛性的根本無明。

　　至於斷惑論，通常可以分為二大類：一是漸進證入說，這是指眾生具有無量無邊的妄惑，這些妄惑必須歷經三大阿僧祇劫（無限長的時間）才能斷盡。佛教中的三乘教，大抵採用此說。一是速證頓悟說，這是指眾生本具的佛性被煩惱所覆蓋，只要頓然覺悟、直下證成，不須歷經三大阿僧祇劫，即能斷除妄惑。佛教中的一乘教，大都採認此說。以下說明華嚴宗的斷惑論：

　　一、行布斷惑　行布即次第行布門的略稱。華嚴宗認為菩薩修行可以依照一定歷程、順序，經過多個階位，最後到達十地階層而臻於佛境、斷除妄惑。「次第行布門謂十信十解

十行十迴向十地，滿後方至佛地。從微至著，階位漸次」（法藏《華嚴經探玄記》卷一）。換言之，行布斷惑必須歷經十信、十解、十行、十迴向、十地，次第從淺至深，階位歷然，才能斷惑證真。次第行布又有「寄顯說」和「三生說」兩義：

㈠寄顯說　寄託餘經所說三乘斷證的位次，以彰顯圓教的行位，稱為「寄顯說」。

㈡三生說　成佛之事，必須歷經見聞生、解行生與證入生的三生，才能成就，名為「三生說」或三生成佛說。

1.見聞生　是三生成佛的第一生，指在過去世聞信別教一乘的義理，薰成金剛種子，而種下解脫的善根。這一階段，未有斷證。

2.解行生　是三生成佛的第二生，指依據見聞生所得薰習法力，今生獲得一乘妙法的勝解，並親身力行所知的教理。這一階段，漸次斷證。

3.證入生　是三生成佛的第三生，指依據前面的信、解、行，在來生證入清涼菩提，成就無上佛果。這一階段，一斷一切斷，一證一切證。雖名無礙證入，卻仍是漸次修斷。

二、圓融斷惑　圓融即圓融相攝門的略稱。華嚴宗認為菩薩修行並不一定要次第累進，也不一定要按照階位，因為每個階位都彼此互通，而且初發心時便成正覺，即可臻於佛境、斷除妄惑。「圓融相攝門謂一位中即攝一切前後諸位，是故一一位滿，皆至佛地」（法藏《華嚴經探玄記》卷一）。換言之，圓融斷惑是說得到一位，就能前後諸位相即相入，容

攝無礙，從而斷惑證真。

簡而言之，一位一切位即是「圓融」，一切階位，位次歷然稱為「行布」。華嚴宗認為行布不礙圓融，圓融不礙行布，兩者互相貫攝，融通無礙。

第五節　佛身論

佛身即佛陀的身體；佛身論是指對佛陀身體的各種考察與說明。由於佛教各派的教理不同，所以對佛身的解說，也有歧見，形成二身、三身、四身、五身、六身、十身等多種說法。一般而言，以三種佛身或佛三身說最為普遍。

三種佛身是：法身、報身、應身，一說是自性身、受用身、變化身。

法身的釋義，大乘小乘各不相同，小乘以戒、定、慧等功德及佛所說的法為法身；大乘以佛所證的諸法實相為法身。

報身是指佛所修功德所感圓滿色身，一般說此身居色界四禪天頂色究竟天，為十地菩薩顯現說法。

應身是指佛為度化眾生而應現的世間色身，例如釋迦牟尼的肉身。

自性身是釋迦牟尼自己內證而得的真如理體、永恆的身體，相當於法身。

受用身是指在說法大會中諸菩薩所見到的佛身，相當於報身。

　　變化身是佛為了救度眾生而示現出來的種種變化的身體，最明顯的是在歷史中出現的釋迦牟尼，相當於應身。

　　華嚴宗以毗盧遮那法身為理想的佛身，這個法身佛，六十卷《華嚴經》稱為「盧舍那」（亦即光明遍照），八十卷《華嚴經》名為「毗盧遮那」（亦即遍一切處）。毗盧遮那或盧舍那也就是釋迦牟尼，乃是同一佛身的異名。八十《華嚴經・離世間品》載有「十佛」之說：

　　　菩薩摩訶薩說十種佛。何等為十？成正覺佛、願佛、業報佛、住持佛、涅槃佛、法界佛、心佛、三昧佛、本性佛、隨樂佛，是為十。

　　願佛是願生兜率天之佛，業報佛是萬行之因所報的佛，住持佛是自身舍利住持之佛，法界佛是普遍法界的真佛，隨樂佛是隨順樂欲，無所不現之佛。以上所引，是《華嚴經》的十佛。華嚴宗二祖智儼認為徹悟「空」理，不執「空」相，便能：

　　　見其十佛：一無著佛，安住世間成正覺故；二願佛，出生故；三業報佛，信故；四持佛，隨順故；五涅槃佛，永度故；六法界佛，無處不至故；七心佛，安住故；八三昧佛，無量無著；九性佛，決定故；十如意佛，普覆故（《華嚴五十要問答》卷上）。

智儼的「十佛」與《華嚴經·離世間品》的「十佛」大同小異，無多異趣。他又說：

> 果者謂自體究竟寂滅，圓果十佛境界，一即一切，謂十佛世界海，及離世間品明十佛義是也（《華嚴一乘十玄門》）。

十佛境界即是圓滿果位，這種境界也是一切即一，一即一切的圓融互攝、重重無盡妙境。智儼繼續發揮二種十佛義理：

> 若一乘義，所有功德皆不離二種十佛。一行境十佛，謂無著佛等，如離世間品說；二解境十佛，謂第八地，三世間中，佛身、眾生身等，具如彼說（《華嚴經內章門等離孔目章》卷二）。

解境十佛是指菩薩以真實的智解照見法界時，所見任何事物無不是佛，因而開立十種佛身：

一、眾生身，指有情眾生即是佛身。

二、國土身，指眾生所居的國土世間即是佛身。

三、業報身，即前面二身的業和煩惱，皆是佛身。

四、聲聞身，即由聽聞四諦，求取涅槃而證得之身。

五、緣覺身，即由了悟十二因緣，求取涅槃而證得之身。

六、菩薩身，即由廣行六度，求取菩提而證得之身。

七、如來身，即由因圓果滿成就佛境而證得之身。

八、智身，即能證的智慧，亦即具足崇高智慧的佛身。

九、法身，即所證的真理，亦即佛自身的精神主體。

十、虛空身，即上述諸身所依皆為性空，故能自在無礙，即毗盧遮那如來的身相。

以上十身統稱為「解境十佛」。

行境十佛是指菩薩完成修證時，將解境十佛中「如來身」開為十身：

一、菩提身，即正覺佛，出現於世間，在菩提樹下，豁然大悟而成佛之身。

二、願身，即願佛，亦即願生於兜率天的佛身。

三、化身，即化佛，隨應眾生的根機，而示現的佛身。

四、住持身，即住持佛，滅後所留舍利，住持世間，周遍三世，永不毀壞。

五、相好莊嚴身，即業報佛，亦即相貌莊嚴的業報之身。

六、勢力身，即心佛，亦即以慈心攝伏一切的佛身，或遍於一切眾生心中的佛身。

七、如意身，即如意佛，亦即隨意化現，廣度眾生的佛身。

八、福德身，即三昧佛，亦即福德具足，常住定中的佛身。

九、智身，即性佛，亦即妙智圓明，通達無礙的佛身。

十、法身，即法界佛，亦即清淨圓明，周遍法界的佛身。

以上十身統稱為「行境十佛」。

　　佛是十身具足，圓融無礙的。華嚴宗認為佛身是融洽自在，通貫三世，周遍法界，攝盡諸法的毗盧遮那法身。

第六節　佛土論

　　佛土是指一佛所居住的地方，或一佛所教化的領土。佛具足十身，因此佛土的分類也有不同。晉譯六十卷《華嚴經·如來名號品》，將佛土分為國土海和世界海兩種，華嚴宗三祖法藏也說：

> 然彼十佛境界所依有二：一、國土海，圓融自在，當不可說。若寄法顯示，如第二會初說。二、世界海（《華嚴一乘教義分齊章》卷三）。

　　然而，十佛居住的地方可分為兩種：其一，是佛陀的報身所依止的國土，叫做「國土海」，國土海圓融無礙，無法用語言加以形容。如果借助佛法來說明，那就是《華嚴經》載普光明殿的第二次法會開始所說。其二，是佛陀教化眾生的場所，叫做「世界海」。

　　國土海是證悟真如的內心世界，只有覺者才能了知，眾生是無法了解的，更不能用語言來表達。世界海則是可以描述的，它是佛陀順應根機，教導眾生的世界，又分為三類：

一、蓮華藏莊嚴世界海，具足主伴，通因陀羅等，當
　　是十佛等境界。

二、於三千界外有十重世界海：㈠世界性，㈡世界海，
　　㈢世界輪，㈣世界圓滿，㈤世界分別，㈥世界旋，
　　㈦世界轉，㈧世界蓮華，㈨世界須彌，㈩世界相。
　　此等當是萬子已上輪王境界。

三、無量雜類世界，皆遍法界。如一類須彌樓山世界，
　　數量邊畔，即盡空虛遍法界；又如一類樹形世界，
　　乃至一切眾生形等，悉亦如是，皆遍法界，互不
　　相礙（法藏《華嚴一乘教義分齊章》卷三）。

　　第一種是功德無量、廣大莊嚴的華藏世界，它是主體與
客體彼此融攝的世界，像帝釋天宮殿上的網珠光光交涉、重
重無盡的境界一般，也是十佛教化眾生的境界。

　　第二種是在娑婆世界以外存在的十重世界：世界性（同
類之義）、世界海（眾多、深廣之義）、世界輪（齊用之義）、
世界圓滿（具德之義）、世界分別（不雜之義）、世界旋（正
旋之義）、世界轉（側轉之義）、世界蓮華（敷發之義）、世界
須彌（勝好之義）、世界相（形貌之義）。這十種世界是相對
於菩薩十地而顯現的國土。

　　第三種是無數類別不同的世界，這些世界普遍充滿一切
事物。像須彌山這一類世界的數量沒有邊際，充塞所有空間
並且充滿一切事相。又像樹形一類世界乃至一切眾生形一類

世界，也都是這樣，遍滿一切事相而彼此圓融無礙。

　　法藏說：「此上三位，並是一盧舍那十身攝化之處。仍此三位，本末圓融，相收無礙」（同上）。以上三種世界（華藏世界、十重世界、雜類世界），都是同一毗盧遮那佛十身教化眾生的場所。這三種世界，以華藏世界為本，另外兩類世界為末，互相融攝，圓融無礙。

第八章

華嚴宗與禪的交融

至道本乎心，

心法本乎無住；

無住心體，

靈然不昧。……

雖即心即佛，

唯證者方知。

　　華嚴宗與禪的交涉，最早可以溯及華嚴宗四祖澄觀，而結合華嚴和禪宗的則是宗密。宗密為華嚴宗五祖，也是禪宗高僧，他把華嚴學說和禪宗思想融為一體，稱為「華嚴禪」。狹義的華嚴禪是指華嚴宗和禪宗荷澤一系的融合。廣義的華嚴禪是指：既以荷澤禪為本，會通禪宗內的諸系，而有宗門的融合；又以華嚴宗為主，會通佛教內的諸教，而有教門的融合；再把禪之三宗，教之三種融為一體，構成禪教合一，並以此會通儒道二教，而有三教合一之論，即是廣義的華嚴禪。然而，後世的華嚴禪，本質上展現為禪宗對華嚴義理的具體運用，嚴格說來，它是禪而非華嚴。

第一節　華嚴宗的禪化

　　華嚴宗四祖澄觀所處的時代乃是南禪懷讓、行思、神會弘揚禪法的時期，他曾經參訪過牛頭系的慧忠和道欽，以及荷澤系的無名，「復見慧雲禪師，了北宗玄理」（《宋高僧傳·本傳》），受禪宗影響很大，從而力倡融會禪教之論，他說：

> 造解成觀，即事即行，口談其言，心詣其理，用以心
> 傳心之旨，開示諸佛所證之門。會南北二宗之禪門，
> 攝台衡三觀之玄趣。使教合亡言之旨，心同諸佛之心
> （《華嚴經隨疏演義鈔》卷二）。

這是說用禪宗以心傳心的上乘意旨，來呈現佛家各派的崇高義理，並且使佛教各宗義理能夠契合忘言絕慮的禪宗旨趣。澄觀又說：

> 至道本乎心，心法本乎無住；無住心體，靈然不昧。
> ……雖即心即佛，唯證者方知（《答順宗心要法門》）。

上乘心法的根源乃在「無住」，這是承襲禪宗六祖慧能所謂「我此法門，從上以來，先立無念為宗，無相為體，無住為本」（《六祖壇經‧定慧品》）而來。無住心體就是抽象無形的真如佛性，而「即心即佛」的禪理，也唯有證悟真如的人才能了解。澄觀對順宗所說的「心要」，與其說是華嚴宗的「心要」，不如說是禪宗的「心要」。以上澄觀這些論點或許可以被視為「華嚴禪」的先導。

華嚴宗五祖宗密起初傳承荷澤禪法，後來又隨澄觀研習華嚴，因而提倡教禪一致。宗密把禪宗諸派分為三宗，把佛教經論分為三教，然後以三宗對照三教，說明其一致之處，並且加以融合會通。

禪之三宗是：

一、息妄修心宗　主張眾生本有佛性，由於無明覆蓋才不知不見，所以必須在靜處坐禪，跏趺宴默，心注一境，息滅妄念，才能無不照顯，呈現佛性。例如神秀、智詵、宣什等的門下，都屬這一類。

二、泯絕無寄宗　認為一切凡聖諸法，皆如夢幻，都無所有，即使涅槃亦是夢幻。只要體悟本來無事，心無所寄，便可獲得解脫。包括石頭希遷、牛頭法融及其法系的徑山道欽等皆屬此類。

三、直顯心性宗　以為自心本有佛性，眾生當下即佛，強調真性不空，真性是萬法的主體，一切諸法都是真性的直接顯露。若以無念為宗，領悟與空寂相應的「無念知見」，即可斷除煩惱，臻於佛境。神會的荷澤宗與馬祖道一的法系，都屬這一類。

教之三種是：

一、密意依性說相教　「密意」即密顯真性的作用；「依性」即依於絕對的真性；「說相」即說明客觀的境相。真性抽象無形，鈍根眾生不能直接體認，所以只有隨順客觀境相，間接透顯真性的作用。這一類教法，包括：人天因果教（只講善惡報應、輪迴轉生等義理）、斷惑滅苦教（只講斷除妄惑、息滅苦惱等義理）、將識破境教（只講唯識無境、轉識成智等義理）。宗密認為禪門的「息妄修心宗」與此教相應。

二、密意破相顯性教　「破相」即破除境相，「顯性」即透顯真性。由於眾生以幻為實，以假為真，所以必須掃其執迷，破其執相，間接開顯緣起萬法的真性。此教認為「心」「境」俱空，一切皆空，空亦是空，不住一法。這一類的教法，包括印度大乘中觀學派，以及中國佛教三論宗的義理。宗密認為禪門的「泯絕無寄宗」與此教相同。

　　三、顯示真心即性教　不是透過事相或方便，而是直接
呈現真性的存在。這是說一切眾生都有空寂真心，只是因為
被妄想、煩惱所覆蓋，所以眾生不能覺知，以致流轉生死，
受諸痛苦。因此，須由大覺之人開顯靈覺真心，令其返本還
源，覺悟自己本來是佛。這一類的教法，包括華嚴宗和天台
宗的義理。宗密認為禪門的「直顯心性宗」與此教相合。

　　雖然各教各宗差別互異，但是它們都是佛法，因此，「教」
與「宗」可以相輔相成，彼此印證。宗密說：

　　　三教三宗是一味法。故須先約三種佛教，證三宗禪心，
　　　然後禪教雙忘，心佛俱寂。俱寂即念念皆佛，無一念
　　　而非佛心；雙忘即句句皆禪，無一句而非禪教（《禪源
　　　諸詮集都序》卷三）。

　　三教和三宗同樣都是佛法，彼此可以會通。會通的方法
是先用三教的義理來印證禪門的三宗，證明它們彼此相應，
並且消解「教」和「禪」的差別，達到「禪教雙忘，心佛俱
寂」的境界。從內心感知來說，念念無非是佛心；從應機度
眾而言，句句無非是禪教。由此可見，宗密以教家三種與禪
門三宗「配對相符」，從而證明「教」「禪」可以融合統一。
禪之三宗與教之三種，列表對應如下：

　　總之，禪之三宗與教之三種彼此相應，乃是「教」「禪」一致的基礎，所謂「三教三宗是一味法」正是宗密「禪教一致」的實際印證。

第二節　禪學的華嚴化

　　曾為禪宗六祖慧能弟子，後嗣法於青原行思的希遷撰《參同契》說：

> 靈源明皎潔，枝派暗流注。執事元是迷，契理亦非悟。
> 門門一切境，回互不回互。回而更相涉，不爾依位住。

　　「靈源」是指理體，「枝派」是指事相；「門門」是指事事。「回互」是指事物的互相融攝，具有「六相」中「總相」、「同相」、「成相」的意思。「依位住」是指各自獨立、各具特色，也就是「不回互」，相當於「六相」中「別相」、「異相」、「壞相」。真如佛性（靈源）是清淨無染的，宇宙萬法（枝派）是複雜汙染的（暗流注），執著事相固屬癡迷，執著理體也非悟道。因為「理」與「事」，「事」與「事」（門門）是互相融

攝的、彼此會通的（回互），即使在融攝會通的時候，也各自保留自身的特性（依位住）。由此可見，希遷運用了華嚴義理說明「理」與「事」的關係。

在禪宗五家（禪門五宗）的分燈中，對於華嚴義理的運用也極為普遍。

臨濟宗傳人法遠晚年居於浮山，徒眾雲集，闡揚宗風，其特異的禪法，世稱「浮山九帶」，「九帶」中有：理貫帶、事貫帶、理事縱橫帶，分別相當於華嚴宗的理法界、事法界、理事無礙法界。例如他說：「理貫帶者，理即正位也，其正位中，而無一法，空同實際，其實際理地，不受一塵」（智昭《人天眼目》卷二）。「事貫帶」乃指具體的事相，由「理體」隨緣而生起，法遠並引《華嚴經》說明這一點。「理事縱橫帶」則是「通貫實際，圓融理事」（同上）的理事無礙法界。

溈仰宗祖師靈祐提倡「單刀直入」的頓悟法門，他說：「若也單刀直入，則凡聖情盡，體露真常，理事不二，即如如佛」（《溈山靈祐禪師語錄》）。頓悟佛性的人由於他的言行舉止都能契合理體，捨離妄情，彰顯真如，並且體現華嚴宗「理事不二」的義理，達到解脫煩惱，妄盡還源的成佛境界。「理事不二」是溈仰宗基本的禪法理論，也是指導修行實踐的首要原則。

曹洞宗的始祖本寂禪師對某僧參問修禪的情況，提出了「五位君臣」之說：

正位即空界，本來無物。偏位即色界，有萬形象。偏
中至者，舍事入理。正中來者，背理就事。兼帶者，
冥應眾緣，不隨諸有，非染非淨，非正非偏，故曰虛
玄大道，無著真宗（《五位君臣旨訣》）。

「正位」（君）相當於華嚴宗的「理法界」，「偏位」（臣）
相當於「事法界」，「偏中至」（臣向君）與「正中來」（君視
臣）綜合起來，相當於「理事無礙法界」；「兼帶」（君臣道合）
則相當於「事事無礙法界」。曹洞宗的「五位君臣」說顯然受
到華嚴宗「四法界」的影響，它的各種方法，也都不離「理」
「事」關係。

五代禪僧惟勁，師事雪峰義存，深入玄奧。後赴南嶽，
住報慈寺，因睹鏡燈（傳為法藏所制）而悟「廣大法界，重
重帝網之門，佛佛羅光之像」（《景德傳燈錄》卷十九本傳）。
於是撰述《五字頌》五章，闡揚華嚴宗「理事圓融」的義理；
另外，所著《覺地頌》「性起無生不動智，不離覺體本圓成」
乃發揮華嚴的性起思想。惟勁又說：

萬有齊含真海印，一心普現總圓明。……珠鏡頓印無
來往，浮雲聚散勿當程，出沒任真同水月，應緣如響
化群情（《景德傳燈錄》卷二十九）。

在「海印三昧」中映現出來的宇宙萬物，乃是「一心」

的呈顯。宇宙萬物的關係正如帝釋天宮所懸網珠，光光交涉，重重無盡一樣。由此可證，惟勁禪師運用了《華嚴經》的典故，闡釋了華嚴的義理。

法眼宗創始人文益，公開主張學習《華嚴經》的文筆，並且深受華嚴宗「理」「事」圓融思想的影響，他說：「理無事而不顯，事無理而不消，事理不二，不事不理，不理不事」（《景德傳燈錄》卷十八）。這已說明「理」與「事」相輔相成，不即不離的密切關係。又說：

> 大凡祖佛之宗，具理具事。事依理立，理假事明，理事相資，還同目足。若有事而無理，則滯泥不通；若有理而無事，則汗漫無歸。欲其不二，貴在圓融。……又如法界觀，具談理事，斷自色空。海性無邊，攝在一芥之中。……不著它求，盡由心造。佛及眾生，具平等故（《宗門十規論》）。

文益禪師認為「具理具事」不但是教門之宗眼，而且是禪門之宗眼。「事依理立，理假事明」，兩者互依互賴，不可或缺，要把握「理」「事」不二的關係，則「貴在圓融」。華嚴宗的法界觀視「理」為「空」，視「事」為「色」，倡導「理」「事」無礙，「空」「色」一體。無形無相的佛性，可以被微小的事相所含攝。宇宙萬法完全由「一心」所造，一即一切，一切即一，諸佛與眾生平等無二。文益禪師也用華嚴「六相」

義來接引學人，並作《華嚴六相頌》說：

> 華嚴六相義，同中還有異。異若異於同，全非諸佛意，
> 諸佛意總別，何曾有同異。男子身中入定時，女子身
> 中不留意。不留意，絕名字，萬象明明無理事（《文益
> 禪師語錄》）。

「六相」一方面彼此相對存在，另一方面卻互相融通不
二。凡夫執著「六相」的對立，諸佛體現「六相」的圓融。
就「六相圓融」的觀點來看，男女相對，異中有同，「同」「異」
相即，那麼男子入定，女子也應入定；既然女子「不留意」，
就表示沒有什麼差別對待，因此，悟道之士必能放下妄念，
捨離名相，了知宇宙萬象並無「理」「事」的對立。由此可知，
文益禪師體華嚴義理於禪，致力於禪教的融合。

宋代臨濟禪系，佛果克勤和大慧宗杲推擴了華嚴禪的思
想。克勤曾謁前宰相張商英，與談《華嚴》要旨及禪門宗趣，
克勤把華嚴的「理」「事」關係理解為「一」「多」關係，理
「一」而事「多」，「事有千差，理歸一揆」（《佛果禪師語錄》
卷三），而且「理隨事變，事逐理融」（同上），「理」與「事」
的圓融，也是「一」和「一切」的融協，「一處圓融一切處，
無邊剎海更峻層」（《佛果禪師語錄》卷八），這已展現了華嚴
「一即一切」的圓融義理。他又說：「事事無礙法界，明一事
遍入一切事，一切事遍攝一切事，同時交參無礙故」（《碧巖

錄》九），顯然這也轉述了華嚴哲理。在《碧巖錄》第八十九
則，克勤解說「網珠垂範影重重」時，援引了四法界說和六
相說，更運用帝網、鏡燈二個譬喻來闡釋華嚴「事事無礙法
界」的義理，並且認為經由此義，即可步入禪悟境界。

　　大慧宗杲繼承其師克勤注重華嚴的宗風，強調「理」「事」
圓融，他說：「恁麼恁麼，理隨事變；不這麼不這麼，事得理
融」（《大慧普覺禪師語錄》卷八）。「理」與「事」自在圓融，
無障無礙。又說：「一為無量，無量為一；小中現大，大中現
小」（同上，卷二一），這已揭示華嚴宗「一」「多」相即，「大」
「小」互攝的哲理。宗杲也把圓融無礙視為禪境，認為禪境
「如帝網交光，互相融通，互相攝入，互為主伴，一一周匝，
一一無偏」（同上，卷八）。宗杲以為「華嚴重重法界，斷非
虛語」（同上，卷二八），這種重重無盡的境界是真實不虛的。

　　金、元之際，曹洞宗傳人行秀，三閱藏經，恆業《華嚴》，
深體真妄不二、「事」「理」雙照的妙諦。因引用唐譯八十卷
《華嚴經‧如來出現品》所載「如來之智慧」，而有其《從容
錄》第六十七則「嚴經智慧」的教說。此外，《從容錄》第三
十四則，又取意引用法藏的《華嚴經義海百門》；《從容錄》
第四十則「網珠相對」等語，則取自澄觀《華嚴經疏》的帝
網之喻。

第九章

華嚴宗與程朱理學

物則事也，
凡事上窮其理則無不通。

　　華嚴宗的學說代表中國佛教哲學的最高水準，它的「理事」說對程、朱「理學」有某種程度的影響。程、朱提出「理生氣」、「理一分殊」、「人人有太極，物物有太極」的觀點，與華嚴宗「理徹於事」、「理事無礙」、「一多相容不同」、「一一事中，理皆全遍」的觀點，有直接的思想淵源關係。

第一節　華嚴義理與二程學說

　　宋代理學家程顥、程頤（世稱二程）既猛烈批判佛教「逃父出家，便絕人倫」（《河南程氏遺書》第十五），又認為「釋氏之學，又不可道他不知，亦盡極乎高深」（同上）、「佛說直有高妙處」（《二程語錄》卷一七），並曾列舉「佛說與吾儒同處」（同上），而與華嚴宗理事觀的「同處」更是不少，例如：

　　問：某嘗讀《華嚴經》，第一真空絕相觀，第二事理無礙觀，第三事事無礙觀。譬如鏡燈之類，包含萬象，無有窮盡，此理如何？曰：只為釋氏要周遮，一言以蔽之，不過曰萬理歸於一理也（《河南程氏遺書》第十八）。

　　某位學者提問杜順《華嚴法界觀門》中三觀的義理為何？程頤把三觀歸結為「萬理歸於一理」，實在深得華嚴宗理事說的要旨，也反映了理學家和華嚴宗在「理」「事」關係問題上

的邏輯聯繫。華嚴宗以「理」為宇宙萬物的本體,「事」為紛
雜煩複的現象, 法藏說:

> 事雖宛然, 恆無所有, 是故用即體也, 如會百川以歸
> 於海。理雖一味, 恆自隨緣, 是故體即用也, 如舉大
> 海以明百川 (《華嚴經義海百門》)。

法藏肯定「理」是體,「事」是用,「理」與「事」相即
不離, 體與用相輔相成。他又指出:

> 一一事中, 理皆全遍, 非是分遍。何以故? 彼真理不
> 可分故。是故一一纖塵, 皆攝無邊真理, 無不圓足(《華
> 嚴發菩提心章》)。

法藏以為「理」是現象世界的根源, 萬事萬物都是「理」
的體現, 而「理」是整體不可分割的, 且普遍攝入一切事物
之中, 即使細如微塵的事物, 也都含攝無邊的真理。

二程把華嚴宗「一一事中, 理皆全遍」的思想概括為「萬
理歸於一理」, 即萬事萬物的「理」最終都歸於絕對唯一的
「理」, 非常契合華嚴宗的旨趣, 由此也可看出二程「一物之
理, 即萬物之理」(《二程語錄》卷二) 這一命題的華嚴源頭。
與此相關的是, 二程提出「理一而分殊」的觀點, 認為天理
是一, 乃體現於眾多不同的萬事萬物之中;而千差萬別的事

物又統一於絕對的理體，並以理體為存在的根源。這與華嚴宗「一一纖塵，皆攝無邊真理」的思想也是相通的。二程又說：

> 物則事也；凡事上窮其理則無不通（《二程語錄》卷九）。
> 隨事觀理，而天下之理得矣（《二程語錄》卷一五）。

這與華嚴宗所言「謂諸事法，與理非異，故隨理而圓遍」（法藏《華嚴發菩提心章》）、「以事無體，事隨理而融通」（法藏《華嚴經義海百門》）無多異趣。二程講「動」、「靜」：

> 靜中有動，動中有靜，故曰動靜一源（《二程粹言》卷一）。

華嚴宗已經有言在先：

> 今靜時由動不滅，即全以動成靜也，今動時由靜不滅，即全以靜成動也，由全體相成，是故動時正靜，靜時正動（法藏《華嚴經義海百門》）。

二程的「靜中有動，動中有靜」與法藏的「以動成靜，以靜成動」用意極為相合。二程講「微」、「顯」：

> 體用一源，顯微無間（《程氏易傳序》）。

至顯者莫如事，至微者莫如理，而事理一致，微顯一源（《二程語錄》卷二五）。

華嚴宗早已有言在先：

若塵能攝彼，即彼隱而此顯，若彼能攝塵，即塵隱而彼顯，隱顯一際。……何以故？由顯時全隱而成顯，隱時全顯而成隱，相由成立，是故隱時正顯，顯時正隱也（法藏《華嚴經義海百門》）。

二程的「微顯一源」與法藏的「隱顯一際」意義頗為雷同。由以上的對比來看，二程的觀點與華嚴宗的學說同處不少，顯然是從華嚴義理獲得啟發。

第二節　華嚴義理與朱子學說

朱子發揮了程頤「體用一源，微顯無間」的觀點，他說：

自理而觀，則理為體，象為用，而理中有象，是一源也。顯微無間者，自象而觀，則象為顯，理為微，而象中有理，是無間也（《朱文公文集·答何叔京》）。

這是指：「事」是顯著的，「理」是精微的，就「事」而

言，一切事物中都有理。就「理」而言，「理」雖無形，但其
中已包含了事物的本質。這就是程頤所說的「事理一致」、「顯
微無間」。這與華嚴宗「理事圓融」、「隱顯一際」也無不同。
朱子認為事物不存在的時候，事物之「理」早就預先存在了，
他說：

> 未有這事，先有這理（《朱子語類》卷九五）。
> 無天地時，只是理而已（《朱子語類》卷一二）。
> 今以事言者，固以為有是理而後有是事，彼以理言者，
> 亦非以為無是事而徒有是理也。但其言不備，有以啟
> 後學之疑，不若直以事言，而理在其中為之盡耳（《中
> 庸或問》卷一）。
> 若在理上看，則雖未有物，而已有物之理，然亦但有其
> 理而已，未嘗實有是物也（《朱文公文集・答劉叔文》）。

朱子認為「理」在「事」先，「有是理而後有是事」，事
物尚未形成之前，「但有其理而已」，這些事物的原理已經存
在了。

華嚴宗在此之前，早已特重「理」「事」關係：

> 事既攬理成，遂令事相皆盡，唯一真理平等顯現，以
> 離真理外，無片事可得故（法藏《華嚴發菩提心章》）。
> 事無別體，要因真理而得成立，以諸緣起，皆無自性

故（同上）。

「事」不能捨離「理」而成立，即使事相不存在時，「理」也依然存在。捨離真理，必然沒有任何事物可得。朱子和法藏都把「理」視為永恆存在的絕對本體，而且是「事」所以能存在的根本因素。

程朱理學的重要命題是「理一分殊」。「理一分殊」是說宇宙間有一個最高的「理」，而萬物各自的「理」，只是最高之「理」的體現。朱子把這個「理」稱為「太極」，「太極」包含了萬物各自的「理」，而萬物各自的「理」也分別完整地體現了「太極」的全體，而不是它的一部分。有人問朱子說：太極能夠分割嗎？他回答說：

> 本只是一太極，而萬物各有稟受，又各自全具一太極爾。如月在天，只一而已，及散在江湖，則隨處而見，不可謂月已分也（《朱子語類》卷九四）。

「太極」相當於華嚴宗所謂的「理」或「一真法界」，也就是「一」。萬物即華嚴宗所謂的「事」，也就是「多」。「理一分殊」就是講「一」與「多」的關係，這裡，朱子借用佛教「月印萬川」的比喻來說明「一」與「多」、「理」與「事」的關係。天上只有一個月亮，而萬條河流裡都倒映月亮的影子，月影不是月亮的一部分，而是月亮的全體。

其實，華嚴宗早已認為「理遍於事」，「理」普遍攝入一切事物之中，而且不可分割。「理」無分限，「事」有分限，而這個無分限之「理」乃遍於每一事相之中，法藏說：

> 能遍之理，性無分限，所遍之事，分位差別，一一事中，理皆全遍，非是分遍。何以故？以彼真理不可分故（《華嚴發菩提心章》）。

朱子和法藏同樣都認為「理不可分」，事物則普遍而完整地體現了「理」。朱子好讀宗杲禪師的《語錄》，顯然受到宗杲的影響，他還說：

> 釋氏云：一月普現一切水，一切水月一月攝。這是那釋氏也窺得這些道理（《朱子語類》卷一八）。

朱子引用佛家義理：一個月亮普遍朗現於一切水中，一切水中的月亮歸屬於一個月，來說明「理」與「事」的關係，認為佛教人士也看出了這一道理。這種轉引釋氏之言，乃出自華嚴宗「一切即一」、「一即一切」的理論。程、朱以「體用一源，顯微無間」來表示一切事物都是「理」的呈現，則源於華嚴宗「理事無礙」的學說。由此可知，程朱理學與華嚴義理是一脈相通的；華嚴宗的概念範疇、思維方式、論證格局也一直影響唐代以來的思想發展。

附錄　華嚴宗名著選讀

　　佛教在其悠久的歷史發展過程中，分別形成了各自獨特的著作體系，幾乎各個宗派都有自己的傳世典籍。作為佛教宗派之一的華嚴宗自不例外，也有其文獻流傳於世。華嚴典籍本身是個獨特的象徵體系，它以文字為主，記載了豐富的概念範疇，並且使得在特定歷史條件下所形成的華嚴思想得到跨躍時空的廣泛傳播。它是一種崇高的智慧結晶，也是一份珍貴的精神遺產。為了讓讀者對華嚴宗的智慧結晶與精神遺產獲得具體的瞭解，本書在大量的華嚴典籍中，選出幾篇代表性的文章，供大家閱讀品味。

一、華嚴金師子章

題　解

　　華嚴金師子章，全稱大方廣佛華嚴經金師子章，簡稱金師子章。唐法藏撰。法藏曾奉詔在洛陽佛授記寺為武則天宣講新譯《華嚴經》，當講到「十重玄門」和「六相圓融」等義理，武后茫然不解，於是法藏特舉殿前的金獅子為喻，解釋

法界涵義，闡述華嚴教義，經著錄之後，便是這篇華嚴金師子章。該篇全文分為十段，約近一千五百字，文約義豐，言簡意賅。第一至第五段，主要是講緣起色空的理論；第六段說明華嚴宗的判教觀點；第七、八兩段，闡明十個玄妙的成佛法門，以及事物的六種形相，重點發揮「十玄無礙」和「六相圓融」的內容。第九、十兩段，宣說成就菩提智慧，進入涅槃境界。此文乃後人了解華嚴哲理的捷徑。

作　者

　　法藏 (643- 712) 字賢首，世稱賢首大師、康藏國師。康居人，後遷居長安。十七歲從華嚴宗二祖智儼學《華嚴經》，深得讚賞。因武則天捨宅度僧，始獲准出家；後在雲華寺開講《華嚴經》，武后命京城十大德為授具足戒，且把經中賢首菩薩的名字賜給他作為稱號，一般稱為賢首國師。曾參與重譯《華嚴經》，負責綴文，利用其他梵文傳本的資料來補充新譯的不足，貢獻頗大。又廣事講說和著述，大振華嚴宗風。法藏一生主要從事《華嚴經》的解說與闡發，前後宣講新舊《華嚴經》三十餘遍，並建立一宗的教觀，被尊為華嚴宗三祖，是華嚴宗的實際開創者。著述頗富，主要有《華嚴經探玄記》、《華嚴一乘教義分齊章》、《華嚴經義海百門》、《華嚴經旨歸》、《修華嚴奧旨妄盡還源觀》、《華嚴遊心法界記》、《華嚴策林》等。弟子有宏觀、文超、宗一、慧苑等。

原　文

初明緣起，二辨色空，三約三性，四顯無相，五說無生，六論五教，七勒十玄，八括六相，九成菩提，十入涅槃。

譯　文

闡明緣起的義理，辨析「色」「空」的思想，歸納「三性」的哲理，彰顯真如的無相，說明理體沒有生滅，論述判教觀點，總括十玄緣起，說明萬物含括六種相狀，敘述成就覺悟的途徑，敘說進入涅槃的方法。

明緣起第一

第一段段旨：闡明華嚴義理的中心觀念──緣起說。

原　文

謂金無自性，隨工巧匠緣，遂有師子相起。起但是緣，故名緣起。

譯　文

金子本身沒有恆常自在、永恆不變的實性，藉著工匠精巧的手藝，於是就製造出金獅子。金獅子的存在是起自於黃金和工匠的手藝，所以叫做「緣起」。

辨色空第二

第二段段旨：辨明現象世界本身是空的涵義。

原　文

謂師子相虛，唯是真金。師子不有，金體不無，故名色空。又復空無自相，約色以明，不礙幻有，名為色空。

譯　文

金獅子的形相是虛幻的，只有黃金才是真實不虛的。金獅子是幻相，不是真有，黃金是本體，不是虛無，所以說物質現象是「空」。再者，「空」本身沒有自在恆常的相狀，它須要透過物質現象才能呈現出來。物質現象的「緣起性空」並不妨礙虛幻假有的存在，這叫做「色空」。

約三性第三

第三段段旨：引用「三性」說來闡明對金獅子的三種看法。

原　文

師子情有，名為徧計；師子似有，名曰依他；金性不變，故號圓成。

譯　文

　　眾生因為有情迷，所以把沒有自在實體的金獅子妄加執著為實有，這叫做「遍計所執性」；金獅子是由各種條件聚合而產生的假有，這叫做「依他起性」；黃金的本質不變，能圓滿成就金獅子，這叫做「圓成實性」。

顯無相第四

　　第四段段旨：透過說明現象的無相，彰顯本體的真實。

原　文

　　謂以金收師子盡，金外更無師子相可得，故名無相。

譯　文

　　黃金本體能夠完全收攝金獅子的一切形相，黃金本體以外並沒有金獅子的相狀可得，所以稱為「無相」。

說無生第五

　　第五段段旨：就生滅的角度來說明現象的本體是無生滅的。

原　文

謂正見師子生時，但是金生，金外更無一物。師子雖有生滅，金體本無增減，故曰無生。

譯　文

當我們看到金獅子被鑄造出來時，實質上，獅子只是由黃金所鑄成的，除了黃金以外並沒有什麼事物。金獅子的相狀雖然有生有滅，但是作為本體的黃金卻沒有增減，所以說「無生」。

論五教第六

第六段段旨：敘述華嚴宗的判教主張。

原　文

一、師子雖是因緣之法，念念生滅，實無師子相可得，名愚法聲聞教。

二、即此緣生之法，各無自性，徹底唯空，名大乘始教。

三、雖復徹底唯空，不礙幻有宛然，緣生假有，二相雙存，名大乘終教。

四、即此二相，互奪兩亡，情偽不存，俱無有力，空有雙泯，名言路絕，棲心無寄，名大乘頓教。

五、即此情盡體露之法，混成一塊。繁興大用，起必全真；萬象紛然，參而不雜。一切即一，皆同無性；一即一切，因果歷然。力用相收，卷舒自在，名一乘圓教。

譯　文

一、金獅子雖然是由工匠用黃金鑄造而成的客體事物，但也在剎那間不斷生滅變化，事實上，並沒有金獅子的假相可以執著，這叫做「愚法聲聞教」。

二、就這座由黃金和工匠所締造而成的金獅子而言，它各個部分都沒有永恆自在的實性，它是徹底的「空」，這叫做「大乘始教」。

三、金獅子雖然是徹底的空，但並不妨礙其假相的存在。金獅子是由各種條件聚合而產生的假有，「徹底唯空」和「幻有宛然」是同時並存的，這叫做「大乘終教」。

四、真空和假有是金獅子的二相，從「空」來看，是「空」掩蓋了「有」；從「有」來看，是「有」掩蓋了「空」。「空」「有」互相掩蓋，彼此消融。妄情和假相也都不存在。當「有」掩蓋「空」的時候，「空」便依附於「有」；當「空」掩蓋「有」的時候，「有」便依附於「空」。「空」「有」互相依附，彼此融協，進而捨離描述事物的概念和語句，專注於性空，了無掛礙，這叫做「大乘頓教」。

五、捨離金獅子的妄相，顯露金獅子的本體，金獅子便渾然成為一塊真金。由此可知，繁雜眾多現象的興起，必然

是整體真如的顯現。宇宙萬物森然羅列，繁複茂盛，彼此相參，而不雜亂。一切現象都是真如的呈現，都歸結為「無自性」；真如又可顯現出一切現象，真如（理）和萬物（事）這種因果關係歷歷分明。「理」與「事」互相包容，「事」歸於「理」，「理」顯為「事」，相即相入，圓融無礙，這叫做「一乘圓教」。

勒十玄第七

第七段段旨：說明宇宙萬法之間重重無盡的關係。

原　文

一、金與師子，同時成立，圓滿具足，名同時具足相應門。

二、若師子眼收師子盡，則一切純是眼；若耳收師子盡，則一切純是耳。諸根同時相收，悉皆具足，則一一皆雜，一一皆純，為圓滿藏，名諸藏純雜具德門。

三、金與師子，相容成立，一多無礙。於中理事，各各不同，或一或多，各住自位，名一多相容不同門。

四、師子諸根，一一毛頭，皆以金收師子盡。一一徧師子眼，眼即耳，耳即鼻，鼻即舌，舌即身。自在成立，無障無礙，名諸法相即自在門。

五、若看師子，唯師子，無金，即師子顯，金隱。若看金，唯金，無師子，即金顯，師子隱。若兩處看，俱隱俱顯。隱則祕密，顯則顯著，

名祕密隱顯俱成門。

六、金與師子，或隱或顯，或一或多，定純定雜，有力無力，即此即彼，主伴交輝，理事齊現，皆悉相容，不礙安立，微細成辦，名微細相容安立門。

七、師子眼、耳、支節，一一毛處，各有金師子。一一毛處師子，同時頓入一毛中。一一毛中，皆有無邊師子，又復一一毛，帶此無邊師子，還入一毛中。如是重重無盡，猶天帝網珠，名因陀羅網境界門。

八、說此師子，以表無明；語其金體，具彰真性。理事合論，況阿賴耶識，令生正解，名託事顯法生解門。

九、師子是有為之法，念念生滅，剎那之間，分為三際，謂過去、現在、未來。此三際各有過、現、未來，總有三三之位，以立九世，即束為一段法門。雖則九世，各各有隔，相由成立，融通無礙，同為一念，名十世隔法異成門。

十、金與師子，或隱或顯，或一或多，各無自性，由心迴轉。說事說理，有成有立，名唯心迴轉善成門。

譯　文

一、黃金和獅子形相互相聚合而構成金獅子，沒有先後之分，同時圓滿具足了金體和獅相的一切，稱為「同時具足相應門」。

二、如果用金獅子的眼睛去容攝整個金獅子的形相，那麼整個金獅子純粹都是眼睛；如果用金獅子的耳朵去容攝整個金獅子的形相，那麼整個金獅子純粹都是耳朵。同理，金

獅子的鼻子、舌頭、身體也都能容攝整個金獅子的形相，眼、
耳、鼻、舌、身完全都圓滿具足整個金獅子的形相。金獅子
的眼、耳、鼻、舌、身各不相同，駁雜互異，然而金獅子的
眼、耳、鼻、舌、身都是由同一金體所呈現出來的，所以彼
此又純粹無異，純雜相應，圓滿具足，稱為「諸藏純雜具德
門」。

　　三、作為理體的黃金和作為事相的獅形互相容攝，同時
成立，金體和獅相彼此容受，沒有妨礙。其中，作為理體的
黃金和作為事相的獅形，又各不相同，前者是「一」，後者是
「多」，各自有其不同的地位，稱為「一多相容不同門」。

　　四、金獅子的眼、耳、鼻、舌、身等感覺器官，和每一
根獅毛都能夠以具備黃金的性質來含攝整個金獅子的相狀。
金獅子的每個感覺器官和每根獅毛都遍布於整個獅子，例如
獅子的眼睛遍布於整個金獅子，獅子的耳朵等也是這樣，所
以金獅子的眼睛就是金獅子的耳朵，金獅子的耳朵就是金獅
子的鼻子，金獅子的鼻子就是金獅子的舌頭，金獅子的舌頭
就是金獅子的身體。金獅子的眼睛、耳朵、鼻子、舌頭、身
體在形狀上又各不相同，各自成立，彼此圓融無礙，稱為「諸
法相即自在門」。

　　五、如果專心注意金獅子的相狀，那麼就只看到獅子而
忽略了黃金，這樣一來，獅子的相狀便彰顯出來而黃金就隱
沒了。如果專心注意鑄成金獅子的黃金，那麼就只看到黃金
而忽略了獅子，這樣一來，黃金便彰顯出來而獅子的相狀就

隱沒了。如果從以上兩方面去看，那麼獅子和黃金既被彰顯又被隱沒。一旦被隱沒則祕密難知，一旦被彰顯則明朗易見，稱為「祕密隱顯俱成門」。

六、作為理體的黃金和作為事相的獅子，或者隱沒或者顯現，或者是一或者是多，或者是純一或者是雜多，或者是能掩蓋他物，或者是被他物所掩蓋，彼此互融相攝，主體和客體交相輝映，理體和事相一起呈現，完全互相容納，並不妨礙彼此的成立，即使是極其細微的事物也能容協其他事物，這叫做「微細相容安立門」。

七、金獅子的眼睛、耳朵和四肢每一根細小的獅毛，都各自包含了金獅子的全體。無法數清根毛中的獅子，同時頓然容入一根獅毛中。每一根獅毛中都有無數的獅子，再者，每一根獅毛又帶著其他獅毛中所含攝的無數獅子還歸於一根獅毛中。如此交互涉入，重重無盡，就像帝釋天宮所懸掛的網珠，網絡上珠光交映，互相照耀，層層互疊，無窮無盡，稱為「因陀羅網境界門」。

八、宣說有生有滅的金獅子假相，目的是用來表示它的虛妄不實；宣說金獅子有黃金作為本體，目的是在彰顯無生無滅的真金本性。「理」和「事」兩方面合起來說，就像結合了有生有滅和無生無滅的「阿賴耶識」一樣，可以經由有生有滅的事相，來把握無生無滅的理體，從而產生正確的理解，稱為「託事顯法生解門」。

九、金獅子是由黃金和工匠共同締造出來的產品，時時

刻刻都在生滅的過程中，在很短的時間裡就分為過去、現在、未來三世，而過去、現在、未來三世的每一世又分為過去、現在、未來三世，合為九世，一切事物都受九世的約束。雖然九世各各不同，但又互相成立，圓融無礙，同在一念之中，稱為「十世隔法異成門」。

十、黃金和獅子，或是隱沒或是顯現，或是純一或是雜多，各個都沒有永恆自在的實性，都是依隨眾生的「真心」所變現出來的。因此，就「理」和「事」來說，都可以成立，稱為「唯心迴轉善成門」。

括六相第八

第八段段旨：以金獅子為喻，說明一切事物都有六種相狀。

原　文

師子是總相，五根差別是別相。共從一緣起，是同相；眼耳等不相濫，是異相。諸根合會有師子，是成相；諸根各住自位，是壞相。

譯　文

金獅子是一個整體，稱為「總相」，金獅子的眼、耳、鼻、舌、身五種器官各有差別，稱為「別相」。眼睛、耳朵等器官共同緣起而成就獅子，故有共同性，稱為「同相」；眼睛、耳朵等器官互不相混，各具自己的差異性，稱為「異相」。眼睛、

耳朵等器官共同和合而成獅子，稱為「成相」；眼睛、耳朵等器官停留在各自的本位上，不結合成獅子，稱為「壞相」。

成菩提第九

第九段段旨：強調由緣而起的事物本來就是當體即空的。

原　文

菩提，此云道也、覺也。謂見師子之時，即見一切有為之法，更不待壞，本來寂滅。離諸取捨，即於此路，流入薩婆若海，故名為道。即了無始已來，所有顛倒，元無有實，名之為覺。究竟具一切種智，名成菩提。

譯　文

菩提，漢譯為「道」、「覺悟」。是指在看到金獅子的時候，就要觀照所有由因緣和合而成的事物，都不是在各種因緣離散後才毀壞的，而本來就是性空的。只要捨離對事物的執著，順著這個路向修行，自然就會成就佛的最高智慧，所以稱為成佛之道。同時也能了悟從無始以來，所有由無明而產生的妄見，原來都沒有永恆自在的實性，這叫做覺悟。最後終究具足了佛法的無上妙慧，這叫做成就菩提。

入涅槃第十

第十段段旨：說明進入清淨境界的要求和意義。

原　文

見師子與金，二相俱盡，煩惱不生，好醜現前，心安如海，妄想都盡，無諸逼迫，出纏離障，永捨苦源，名入涅槃。

譯　文

當看見金獅子時，就要觀照獅相和金體同時泯滅，不要起心分別，不要產生煩惱，即使美好和醜陋的事物出現在面前，也不動心，像大海一樣地寧靜，完全消除妄想，沒有各種催逼脅迫，擺脫束縛，超越業障，永遠斷除產生痛苦的根源，這叫做步入清淨無染的精神境界。

二、答順宗心要法門

題　解

答順宗心要法門簡稱心要法門，這篇小品文是華嚴宗四祖澄觀謹答唐朝順宗皇帝所謂「一真心地」的要義。此文認為佛法的最高宗旨即在「一心」，這個「一心」是寂然無相，靈知不昧的，也是非空非有，不生不滅的。唯有妄念不生，

二際俱斷，才能體證心源，朗現佛性。作者主張「以知寂不二之一心，契空有雙融之中道」，從而達到是非兩忘、能所雙絕的境界。全篇簡單扼要地展現了華嚴宗的唯心思想。

作 者

澄觀 (738–839) 俗姓夏侯，越州山陰 (今浙江紹興) 人。年十一在寶林寺出家，不久受具足戒。後遍遊名山，廣學三藏。大曆十一年，講說《華嚴經》及諸論。貞元十一年應召入長安，入內殿講經，德宗賜號「清涼法師」，禮為「教授和尚」。曾參與翻譯四十《華嚴經》，並作《貞元新譯華嚴經疏》十卷。元和五年，唐憲宗加號「大統清涼國師」。其學重在發揮法藏「五教判釋」和「十玄緣起」的義理，又把禪宗和天台宗的教義引入華嚴體系，並以南宗荷澤一系的「靈知之心」解釋《大乘起信論》的「本覺」思想。著述主要有：《華嚴經疏》、《華嚴經隨疏演義鈔》、《華嚴法界玄鏡》等。弟子有宗密、寶印、寂光等。

第一段段旨：說明真心本體，空明廓徹，靈知不昧，無智無得，無對無修。

原 文

至道本乎其心，心法本乎無住，無住心體，靈知不昧。性相寂然，包含德用，該攝內外，能廣能深。非有非空，不生不滅，求之不得，棄

之不離。迷現量則惑苦紛然,悟真性則空明廓徹,雖即心即佛,唯證者方知。然有證有知,則慧日沉沒於有地;若無照無悟,則昏雲掩蔽於空門。但一念不生,前後際斷,照體獨立,物我皆如。直造心源,無智無得,不取不捨,無對無修。

譯 文

　　至高無上的佛法原本就在於「一心」,眾生本具的真心本體並沒有任何掛礙,這個沒有掛礙的心體又具有虛靈覺知、曉然不昧的功能。真心本體瑩淨無相,卻能產生妙用,且能融攝主體和客體,而沒有內外的區別,它是非有非空、不生不滅的,真心本體也是不離眾生的、不假妄求的。眾生如果執著外境,就會迷於事相,造成痛苦;如果了悟真性,就能捨離偏執,返本還源。雖說眾生的心體即是佛,但是只有體悟真如的人才能證知。然而,如果執取證知,一心外求,那麼佛法就會沉滯於妄有幻相;如果執著於無,捨棄觀照,那麼邪見就會障蔽了真空妙慧。只有革除雜染妄念,斷滅前後二際,觀照一心本體,泯絕主客對立,才能直接證悟心源。這時,沒有智愚之分,也沒有道果可得;既沒有貪取,也沒有捨離;既沒有對待,也沒有修作。

　　第二段段旨:闡明迷與悟、真與妄全是「一心」的表現,並以「一心」契合中道。

原　文

　　然迷悟更依，真妄相待。若求真去妄，如避影以勞形；若體妄即真，似處陰而影滅。若無心忘照，則萬累都捐；若任運寂知，則眾行圓起。放曠任其去住，靜鑑見其源流。語默不失玄微，動靜豈離法界。言止則雙忘智寂，論觀則雙照寂知。語證不可示人，說理非證不了。悟寂無寂，真智無知。以知寂不二之一心，契空有雙融之中道，無住無著，莫攝莫收，是非兩忘，能所雙絕，斯絕亦絕，般若現前。

譯　文

　　可是，執迷和覺悟相依而生，真智和妄惑相待而起。如果要掃除妄惑以便求得真智，那麼就像移動身體以便消除影子一樣不可能；如果能了悟妄惑即是真智，那麼就像身處陰暗之地，影子自然消失一樣。假使捨離執著，隨順觀照，那麼所有煩惱都能息滅殆盡；假使聽任自然，隨緣布施，那麼一切功德都能圓滿成就。這樣一來，便可以任其去留，不著彼此；動靜得宜，不失其理。而且語默都是真心的體現，動靜又怎會悖離「一心」？這時的「止」就是真智和寂照雙忘，這時的「觀」便是寂照和真智齊彰。即使證悟「一心」本體，也不可以隨便告訴他人，因為沒有親自體證的人是不能瞭解的。事實上，真寂無所不照，真智無所不知。通過真智與寂照不二的「一心」，來冥契真空與妙有雙融的「中道」。這是一種無住無著、無攝無受；是非兩忘、能所雙泯的境界。唯

有消除是與非，能與所等二元對立，一無所得，才能彰顯如
實瞭解一切事物的智慧。

　　第三段段旨：說明真與妄、主與客完全統攝於「一心」
之中，了無差別。

原　文

　　般若非心外新生，智性乃本來具足。然本寂不能自見，實由般若之
功。般若之與智性，翻覆相成；本智之與始終，兩體雙絕。證入則妙覺
圓明，悟本則因果交徹。心心作佛，無一心而非佛心；處處證真，無一
塵而非佛國。真妄物我，舉一全收；心佛眾生，炳然齊致。迷則人隨於
法，法法萬差而人不同；悟則法隨於人，人人一致而融萬境。言窮慮絕，
何果何因？體本寂寥，孰同孰異？唯志懷虛朗，消息沖融，其猶透水月
華，虛而可見；無心鏡像，照而常空矣。

譯　文

　　如實智慧並非由外鑠而得，真如佛性是眾生本來就具有
的，但是，這個真如佛性不能自我顯現，必須經由智慧觀照
才能展露出來。真如佛性與般若觀照是體用關係，彼此相輔
相成。其實，體用不二，本末俱泯，才是究極的智慧。如果
能夠證入真如，那麼就能了悟「一心」的妙覺圓明；假使能
夠覺悟本性，那麼就能理解事物的因果互依。如果能夠心心
趣向諸佛，那麼沒有一個心念不是佛心；假使能夠處處體證

真如，那麼沒有一個地方不是佛國。真智與妄惑，客體與主
體完全融攝於「一心」之中，心、佛、眾生三者圓融無礙，
了無差別。如果執迷的話，那麼凡夫就會隨順外境，並且呈
現出千差萬別的事相和不同的眾生；假使覺悟的話，那麼外
境就會隨順覺者，並且朗顯出平等無差的理體和彼此融協的
萬物。只要捨離言辭思慮，又何必執著因果？只要體悟本性
寂寥，又何須區分同異？唯有心志清虛朗徹，才能確實見性
悟道，見性悟道就像水中月影，清晰可見，也像明鏡映物，
了無可執一樣。

三、華嚴原人論（節　選）

題　解

　　華嚴原人論簡稱原人論。此論依《華嚴經》的宗旨，推
究人的本源。因主要論述唯一真心乃人道之本等問題，故名
「原人論」。該文對世界和生命的起源、社會貧富貴賤等不平
等的根源進行宗教的論證，認為儒道學說都是「迷執」，在道
理上說不通，而佛教中的人天教、小乘教、大乘法相教、大
乘破相教等等，也是道理「偏淺」，都不圓滿，只有一乘顯性
教《華嚴經》所說的才是圓融義理，儒道學說、人天教、小
乘教、法相教、破相教都是一乘顯性教的方便說。主要內容
認為一切有情皆有本覺真心，只是因為被妄想執著所掩蔽，

所以才沒能彰顯出來。這裡節錄其中「直顯真源第三」的文字，旨在說明本覺真心即是宇宙萬法的本源，所以一切有情眾生本來是佛。

作　者

　　宗密 (780- 841)，俗姓何，果州西充（今四川省西充縣）人。家本豪富，幼通儒書。二十八歲偶謁遂州大雲寺荷澤神會系下的道圓禪師，從之出家，因閱《圓覺經》而有悟。三十二歲時入長安華嚴寺師事華嚴宗四祖澄觀，隨侍二年，閱藏經三年。後住終南山草堂寺、豐德寺、圭峰蘭若，修禪著述，世稱「圭峰宗密」、「圭峰大師」。唐文宗曾詔入問法，賜紫方服。卒後諡「定慧禪師」，被尊為華嚴宗五祖。著述有《圓覺經大疏》、《禪源諸詮集都序》、《華嚴原人論》、《註華嚴法界觀門》等二百餘卷。弟子甚多。

　　第一段段旨：說明一切有情眾生都有本覺真心或靈覺真心。

原　文

　　一乘顯性教者，說一切有情，皆有本覺真心，無始以來，常住清淨，昭昭不昧，了了常知，亦名佛性，亦名如來藏。從無始際，妄想翳之，不自覺知，但認凡質，故耽著結業，受生死苦。大覺愍之，說一切皆空，又開示靈覺真心清淨，全同諸佛。

譯　文

　　一乘顯性教（真常教）認為一切有情眾生都有本然覺性、真實一心，這個本覺、真心長久以來，始終清淨，靈明不昧，無所不知，也叫做「佛性」，也稱為「如來藏」。從無始以來，妄想遮蔽了眾生本有的覺性，使眾生不知道自己天生就具有覺性，還以為自己平凡庸俗，於是不斷沉淪，造作業因，承受生死輪迴的痛苦。佛陀憐憫眾生不知道自己具有靈明覺性，沉淪苦海，所以才對眾生宣講宇宙萬法都由各種條件假合而成，沒有恆常自在的實性；同時又開示眾生本有的覺性、真心，清淨無染，與佛無異。

　　第二段段旨：引用《華嚴經》經文證明有情眾生都具有圓滿的如來智慧。

原　文

　　故《華嚴經》云：「佛子，無一眾生而不具有如來智慧，但以妄想執著而不證得。若離妄想，一切智、自然智、無礙智即得現前。」便舉一塵含大千經卷之喻，塵況眾生，經況佛智。次後又云：「爾時如來普觀法界一切眾生，而作是言：奇哉！奇哉！此諸眾生，云何具有如來智慧，迷惑不見？我當教以聖道，令其永離妄想，自於身中得見如來廣大智慧，與佛無異。」

譯　文

所以《華嚴經》說:「佛子,沒有一位眾生不具有佛性,只是因為眾生執著妄想,才不能體悟本有的靈覺真心。如果眾生能夠捨離妄想,就能呈現了知一切現象的智慧、自然生成的智慧、通達無礙的智慧。」佛陀又借用一粒微塵含攝大千佛經的譬喻,來說明每位眾生都有圓滿的如來智慧。微塵是比喻眾生,經卷則比喻佛智。接著佛陀又說:「當時如來普遍觀照世間一切眾生,並且說了以下這段話:奇怪!奇怪!所有眾生本來都具有佛性,為何他們卻愚癡迷惑不能照見?我應當以佛法真理勸化眾生,讓他們永遠捨離妄想,在自身中體證無形無相的佛性,其實,眾生本具的佛性,和佛陀並沒有什麼不同。」

第三段段旨:通過反觀自省,了悟真心乃一切事物的究竟根源。

原　文

評曰:我等多劫,未遇真宗,不解返自原身,但執虛妄之相,甘認凡下,或畜或人,今約至教原之,方覺本來是佛。故須行依佛行,心契佛心,返本還源,斷除凡習,損之又損,以至無為。自然應用恆沙,名之曰佛,當知迷悟同一真心。大哉妙門!原人至此。

譯　文

　　我的評論是：我們這些眾生長久以來都在生死輪迴中，沒能遇到華嚴一乘教理，不知道返觀自省，照見真源，反而執著虛妄的事相，甘心承認自己是凡夫，並且向下沉淪，或流轉為畜牲，或者轉生為人。現在回歸大乘佛法來探究存在的根源，才能覺悟一切有情眾生皆有佛性，本來是佛。所以必須以佛的善行規範自己，以佛的悲心勉勵自己，使自己能夠重新照見佛性，呈顯真心，斷除凡夫的習氣，持續斷滅習氣，到達如如不動的妙境，從而隨順不同情況而自然任運，圓融無礙。能夠到達這種境界的人就稱為佛。我們應該瞭解，執迷和開悟，都是同一真心的不同表現。真心是虛明靈妙的！它是宇宙萬有的根源。明瞭這個道理，才算掌握一切存在的根源。

參考書目

中文書目

方立天著，法藏。臺北：東大圖書公司，民國 80 年 7 月初版。

方立天校釋，華嚴金師子章校釋。北京：中華書局，1983 年 9 月第一版。

方東美著，華嚴宗哲學。臺北：黎明文化事業公司，民國 70 年 7 月初版。

王進瑞譯，華嚴學論集。臺北：華宇出版社，民國 77 年 6 月初版。

冉雲華著，宗密。臺北：東大圖書公司，民國 77 年 5 月初版。

李世傑撰，華嚴哲學要義。臺北：佛教出版社，民國 67 年 8 月初版。

李世傑譯，華嚴思想。臺北：法爾出版社，民國 78 年 6 月第一版。

李惠英譯，中國華嚴思想史。臺北：東大圖書公司，民國 85 年 2 月初版。

張曼濤主編，華嚴學概論。臺北：大乘文化出版社，民國 67 年 11 月初版。

張曼濤主編，華嚴思想論集。臺北：大乘文化出版社，民國 67 年 11 月初版。

張曼濤主編，華嚴宗之判教及其發展。臺北：大乘文化出版社，民國 67 年元月初版。

張曼濤主編，華嚴典籍研究。臺北：大乘文化出版社，民國 67 年 7 月初版。

楊政河著，華嚴哲學研究。臺北：慧炬出版社，民國 76 年 3 月出版。

魏道儒著，中國華嚴宗通史。南京：江蘇古籍出版社，1998 年 7 月第一版。

釋印海譯，華嚴學。臺北：佛光文化公司，1997 年 9 月初版。

釋成一著，華嚴文選。臺北：萬行雜誌社，民國 80 年 9 月再版。

釋南亭著，華嚴宗史略。臺北：華嚴蓮社，民國 70 年 9 月再版。

釋夢參講述，華嚴經疏論導讀。臺中：方廣文化事業公司，1999 年 12 月一版二刷。

釋慧嶽譯，華嚴教學之研究。臺北：中華佛教文獻編撰社，民國 60 年 9 月初版。

釋慧嶽譯，華嚴思想史。臺北：中華佛教文獻編撰社，民國 68 年 12 月初版。

釋賢度編，華嚴學講義。臺北：華嚴蓮社，民國 88 年 6 月七版。

釋賢度編，華嚴學專題研究。臺北：華嚴蓮社，民國 88 年 6 月二版。

釋繼夢著，華嚴宗哲學概要。臺北：圓明出版社，民國 82 年 4 月第一版。

日文書目

木村清孝著，初期中國華嚴思想史の研究。1977 年，東京：春秋社。

玉城康四郎編，華嚴の思想。1985 年，東京：理想社。

玉城康四郎著，華嚴入門。1994 年，東京：春秋社。

石井教道著，華嚴教學成立史。1964 年，石井教道博士遺稿刊行會。

末綱恕一著，華嚴經の世界。1958 年，東京：春秋社。

吉津宜英著，華嚴禪の思想史的研究。1985 年，東京：大東出版社。

佐佐木月樵著，華嚴教學。1919 年，東京：十字屋。

高崎直道等著，華嚴思想（講座・大乘佛教 3）。1983 年，東京：春秋社。

鈴木大拙著，華嚴の研究。1955 年，京都：法藏館。

湯次了榮著，華嚴大系。1975 年，東京：國書刊行會。

齋藤唯信著，華嚴學綱要。1920 年，東京：丙午出版社。

龜谷聖馨著，華嚴哲學研究。1922 年，東京：文英堂。

鍵主良敬著，華嚴教學序說。1968 年，京都：文榮堂。

鎌田茂雄著，中國華嚴思想史の研究。1965 年，東京：東京大學出版會。

鎌田茂雄著，華嚴學研究資料集成。1983 年，東京：大藏出版。

◎ 天台哲學入門　新田雅章／著；涂玉盞／譯

　　天台宗是成立於隋代的佛教宗派，之所以名為天台，是因集其教學大成的智者大師於天台山宣教。智者大師從「迷」到「悟」兩個核心概念來教示大眾，一方面給迷的眾生指示悟的境界，一方面也說示抵達悟境的方法或過程，甚至也論述悟境本身內容，將中國佛教的止、觀、教融為一體，構成一完整的佛教宗派。

◎ 佛教入門　三枝充悳／著；黃玉燕／譯

　　佛教一直以宗教的立場來開導大眾，使人得到精神安慰。再加上佛教能建立思想，使其成為人們實踐的支柱，這更對各種優異文化的形成、深化、發展等，有很大的貢獻。本書全部圍繞在「何謂佛教」這個主題上，對於佛教入門所必須述及的各種問題，以平實的文字做忠實的敘述，使佛教的整體面貌得以開顯。

◎ 頓悟之道：勝鬘經講記　謝大寧／著

　　如果眾生皆有無明住地的煩惱，是否有殊勝的法門可以對治呢？本書以「真常唯心」系最重要的經典──《勝鬘經》來顯發大乘教義，剖析人間社會的結構性煩惱，並具體指出眾生皆有如來藏心；而唯有護持這顆清淨心，才能真正斷滅人世煩惱，頓悟解脫。

◎ 佛言佛語——佛教經典概述　業露華／著

　　要了解佛教，必須要知曉中國佛教。而要知曉中國佛教，則應對中國佛教的經典有一定的認識。但佛教經典浩如煙海，除一些佛門高僧外，一般人很少能遍閱藏經。為此，本書主要對佛教經典，特別是對中國佛教的經典作一些歷史性及概要性的介紹，使讀者閱讀本書後，能對佛教經典的產生、內容及在中國社會的流傳情況有更深的了解。